Deixe Nascer a Sua Deusa

Um Resgate do Sagrado Feminino

Michele Martini

Deixe Nascer a Sua Deusa

Um Resgate do Sagrado Feminino

© 2023, Madras Editora Ltda.

Editor:
Wagner Veneziani Costa (*in memoriam*)

Produção e Capa:
Equipe Técnica Madras

Revisão:
Jaci Albuquerque de Paula
Neuza Rosa
Ana Paula Luccisano

Dados Internacionais de Catalogação na Publicação (CIP)
(Câmara Brasileira do Livro, SP, Brasil)

Martini, Michele
Deixe nascer a sua deusa : um resgate do sagrado feminino / Michele Martini. São Paulo : Madras, 2023.
ISBN 978-85-370-1135-5
   1. Autoajuda 2. Conduta de vida
   3. Desenvolvimento pessoal 4. Motivação (Psicologia) I. Título.
18-16204   CDD-158.1
      Índices para catálogo sistemático:
   1. Desenvolvimento pessoal : Psicologia aplicada   158.1
   Maria Alice Ferreira - Bibliotecária - CRB-8/7964

É proibida a reprodução total ou parcial desta obra, de qualquer forma ou por qualquer meio eletrônico, mecânico, inclusive por meio de processos xerográficos, incluindo ainda o uso da internet, sem a permissão expressa da Madras Editora, na pessoa de seu editor (Lei nº 9.610, de 19/2/1998).

Todos os direitos desta edição reservados pela

MADRAS EDITORA LTDA.
Rua Paulo Gonçalves, 88 – Santana
CEP: 02403-020 – São Paulo/SP
Tel.: (11) 2281-5555 – (11) 98128-7754
www.madras.com.br

Índice

1. Introdução 9
2. Oração de Invocação à Durga Devi 13
3. Por que Nós, Mulheres, Sofremos Tanto? 17
4. Por que Somos Vítimas de Maus-tratos pelos Homens? 23
5. Por que Traímos os Homens? Por que Somos Levadas por esse Instinto? 31
6. Por que não Conseguimos ser Felizes Sozinhas? 37
7. Por que Existe a Maternidade? 41
8. Ainda Há Esperança para as Mulheres que Sofreram com a Violência dos Homens? 47
9. Por que não Podemos Ter Prazer nas Relações com os Homens? 55
10. Como Ser Forte como Durga? 61

11. Por que não Conseguimos Encontrar Acalento em Nosso Coração Quando Somos Abandonadas pelos Nossos Homens?...................................65

12. Por que Precisamos Sofrer Tanto em Solidão para Encontrar a Força em Nós?....................................71

13. Somos Iguais aos Homens? O que nos Diferencia deles?..77

14. Como Podemos Ter Prazer na Vida?..............................85

15. Por que Temos Doenças?...91

16. Por que Algumas de Nós não Podem Ter Filhos?........97

17. A Maternidade é Necessária para Sermos Plenamente Felizes?..103

18. E as Mulheres que se Relacionam com outras Mulheres, por que Sentem o que Sentem?...................107

19. Como uma Mulher Pode Viver de Forma Plena e Ser Feliz?...115

20. Como Ser Completamente o Sagrado Feminino?......121

21. Precisamos Abdicar de Coisas que Homens Fazem para Sermos Mulheres?....................................127

22. A Sensação de Pertencimento e o Vazio Material. Existimos Apenas para Agradar aos Homens e à Família?...133

23. Como nos Sentirmos Completas
    e Preenchidas de Felicidade? 139

24. Por que Negar o Nosso Lado Sombrio?
    Por que o Julgamos? 143

25. Como Ser uma Energia da Deusa Durga? 147

1. Introdução

Por muitas eras nós, mulheres, carregamos o peso do sofrimento em nosso coração.

Temos trazido como bagagem, transcendendo gerações, as dores vividas em diversas experiências durante as nossas histórias de alma.

Nós, como mulheres, estivemos inseridas em ambientes, experiências, em tempos de paz e em tempos de guerra. E entre tantos fatos que se desenrolaram em nossas histórias, endurecemos os nossos corações diante de tanto sofrimento. Sofrimento vivenciado na pele, e também observado em seu meio externo.

Trouxemos as nossas dores, que foram contribuindo para formar um escudo protetor, para que estivéssemos preparadas e protegidas para viver eras de tantas guerras e sofrimento.

Protegemos o nosso coração, formando em torno dele o escudo protetor, que Durga representa como uma fera, a qual vemos montada a guerrear com todas as dores guardadas no coração, mas que tem o simples propósito de desbloquear essas restrições.

Nós carregamos dentro do nosso coração certas lembranças de sofrimento, e construímos o escudo protetor antes mesmo de curá-las, como forma de nos proteger de mais sofrimento.

Passamos a ver com olhos turvos o significado da fera interior. Daquela que não deveria morar do lado de dentro, mas ser uma aliada a mostrar como expor para o externo as nossas dores, como o rugido desse animal, desse felino, que quer de qualquer maneira ser libertado de dentro do nosso coração.

Venho mostrar que é possível nos desvincular da fera, deixando de nos identificar com ela, e torná-la a nossa aliada, na cura do nosso próprio coração.

A fera que está comigo está também com vocês, mulheres, que se abstiveram por tanto tempo de viver o sagrado feminino, e deixaram essa poderosa arma de amor guardada dentro do seu coração, protegida de todo o mal, por tanto tempo impedida de se manifestar para o externo, fechando-a, não as permitindo sentir o poder da mulher, do sagrado feminino.

O processo de reencontro com o que temos de mais sagrado trará a oportunidade de trabalhar essa liberação, deixando que essa fera faça parte de nós por um momento, para que passemos a domá-la, tê-la como nossa aliada, na manifestação do amor ao externo, mas apenas como um escudo exterior, e que não impede que se manifeste o amor do nosso coração.

Deixamos sair, neste momento, essa fera.

Repetimos por três vezes, ou quantas vezes forem necessárias, o código XATIALIÊ. Com as mãos posicionadas no cardíaco, repetimos por três vezes, e em seguida, sobre o chacra da garganta por mais três vezes, a permitir a liberação para o externo do rugido dessa fera.

Juntamente com essa liberação, a fera expõe o rugido do felino, mas também as lágrimas que ficaram aprisionadas dentro do nosso coração, e que foram fechadas dentro do escudo do medo, da autoproteção.

Repetiremos por 21 dias, diariamente, essa aplicação. Permitiremos que saia o rugido da fera, olharemos para o alto e deixaremos sair pelos nossos lábios, abertos a rugir, o grito desse felino interior. E deixaremos que saiam as lágrimas a escorrerem pelo nosso rosto, aqueles rostos de mulheres, mães, guerreiras, que já não mais querem ficar aprisionadas e vivendo com a fera. Mas, sim, querem se liberar, se soltar, deixar que a fera saia e se torne sua amiga, protetora e guardiã.

Somos guerreiras do amor, seguiremos em paz e liberando as dores dos nossos corações nessa nova etapa de aprendizado, na qual não mais aceitamos a imposição do medo e o impedimento da manifestação do que temos de mais sagrado, que é o aspecto feminino contido por tanto tempo, e impedido de ser demonstrado.

Assim também os homens podem proceder para trazer o equilíbrio e o ancoramento dessa energia libertadora, que os permite ser amor, irradiar amor e também o perdão.

Mãe Durga estará conosco a cada invocação, trazendo a força, formando um escudo protetor, pois somos todos Um. Estamos unidos no amor e na libertação dos aspectos mais sagrados.

2. Oração de Invocação à Durga Devi

Leia ao som do Mantra Durga Ashtakam.

À Mãe Durga eu ofereço o meu coração.

Para amar a todos os seres, assim como tu nos amas, teus filhos.

Minha, nossa, mãe Durga, nos envolve em tua paz. Envolve-nos em teu amor, nos acalenta em teu coração.

Amada mãezinha Durga, tu que és poderosa e nos protege de todo o sofrimento.

Tu que és a nossa Mãe, que nos envolve em teu amor e que nos acalenta em teu colo de amor.

Ó minha mãe Durga, querida por nós, protege-nos em teu coração, em teu amor, e nos envolve em tua paz.

Precisamos da tua voz, ó mãe, em nossos ouvidos a cantar, a nos acalmar e acalentar o nosso coração duro de tantas dores desta vida.

Ó mãe Durga, envolve-nos, regenera e protege, como tuas filhas, em teu amor.

Mostra-nos como ser como tu, que és poderosa e invencível quando luta com o teu coração. Quando amas não há nada que possa vencê-la, ó mãe Durga.

Tu és o poder da mulher, da mãe, da energia que nos dá a vida e enobrece o feminino, tornando-o sagrado e sutil.

Mãe amada, acolhe-nos e ensina a seguir os passos da retomada do poder feminino, que perdemos na nossa caminhada. Ensina-nos a recuperar a nossa força, o nosso poder e a nossa paz.

Ensina-nos, ó mãe Durga, a elevar-nos em um altar sagrado, que é reservado a todas as mulheres que são provedoras da vida, que são dignas do teu amor e de ser felizes.

Amada mãe Durga, que tu estejas conosco nessa caminhada, a nos envolver em coragem e força. Que não nos deixemos cair na ilusão da matéria e na fragilidade de nossas emoções, que por tantas vezes confundimos com o amor.

Ajuda-nos, ó mãe Durga, a encontrar o verdadeiro amor dentro de nós mesmas, e mostrar esse amor a todos os que nos rodeiam. Que possamos ser fortes o suficiente para representar um braço da tua energia neste planeta. Para que possamos estender o teu amor, em teu nome, e acolher a todos, até aqueles que nos causam sofrimento e a tantas mulheres.

Ó mãe Durga, ensina-nos o que é a maternidade, que é o sentimento de acolher com amor todos os seres, assim como nos mostra, mãe amada, com teu exemplo, com o amor que estende a nós, e a todos os que necessitam do teu acalento.

Ó mãe Durga, ilumina o nosso caminho, trazendo paz em nossa vida, trazendo conforto em nosso coração, para que assim possamos permanecer fortes e levar o teu amor a todos os que necessitam.

Amada mãe Durga, estende teu manto de amor sobre nós. Que tu estejas conosco e em nós.

Que assim seja!

3. Por que Nós, Mulheres, Sofremos Tanto?

Sofremos porque deixamos o sentimento do ego, que protege do contato com o outro, nos fechar em nossas emoções. Estamos, assim como todos os seres, inseridas em meio a uma sociedade na qual aprendemos a viver em um sistema de igualdade e de respeito a todos os seres.

O sentimento da Mãe Universal, presente em todas as mulheres, está também presente dentro de cada uma de nós, que busca atravessar esse que é conhecido como o vale grandioso de lágrimas, mas que dele permitirá nascer uma bela flor.

Viemos nascidas das lágrimas daquela que era a grande mãe e que, então, enviou as suas filhas a mostrar o que é o amor. Aceitamos entrar nessa jornada, que é a da mulher guerreira, aquela que não desiste em auxiliar aqueles que ama, aquela que protege, ama e perdoa.

Estamos inseridas em amor em vários pontos importantes da história da humanidade, em que estivemos presentes justamente como aquele aspecto feminino que era necessário para que o triunfo fosse alcançado. Estivemos presentes nas lutas, nas conquistas, no sofrimento e na dor. Fomos julgadas como bruxas, feiticeiras, prostitutas, desonestas e, ainda assim, continuamos a estender nosso amor.

Nós, mulheres, sofremos tanto, porque entre todas as nossas experiências terrenas nos deixamos envolver pela materialidade que se apresentava, nos desconectando da nossa verdadeira essência, da nossa natureza feminina, do nosso aspecto mais sagrado e que dá vida à humanidade. Nós nos separamos do sagrado feminino.

Então estamos aqui, novamente, a seguir a caminhada rumo a esse encontro, à retomada desse poder, que deixamos perdido pelo tempo, pelas dores das experiências. Portanto, direcionamos os nossos esforços a algo que não contribuía para que pudéssemos cumprir o nosso propósito, mas que, sim, nos afastava dele.

A cada pequeno pedaço da nossa história, fomos criando novas histórias, nos prendendo a pequenos pedaços de uma grandiosa trajetória de nossa vida. Nós nos prendemos aos pequenos aspectos que eram apenas aqueles que observávamos em dados momentos da nossa experiência terrena e que nos mantinham presas por mais tempo.

Quando nos desvencilhávamos de um, logo encontrávamos outro obstáculo a dificultar a nossa trajetória.

Fomos até agora iludidas em toda essa materialidade, que nos fez pensar que estivemos apenas perdendo tempo, por tantas e tantas vidas envolvidas em nossas dores, em nossas emoções mal resolvidas, mas que, na verdade, foram muito importantes para que tomássemos contato com todas as emoções humanas e, dessa forma, foi se formando a grande energia da Mãe Divina dentro de nós.

A poderosa Durga crescia em nosso coração, de tempos em tempos, gradativamente a cada experiência, a cada lágrima derramada, éramos os diamantes brutos a serem lapidados pelo tempo e pelas experiências; no final nasce uma bela energia de luz, que então poderá ser o acalento de tantos corações que necessitam da energia da mãe a envolvê-los.

Podemos sentir, ao invocar as energias maternas, conhecidas como Mãe Maria, Durga, Lakshmi, Mãe Divina, Iemanjá e outras, o poder e o amor, a sensação de proteção e de que tudo ficará bem. Sentimos que estamos finalmente no colo da mãe e que nada poderá acontecer a nós.

Este nada mais é do que o aspecto divino feminino da Fonte, Deus Pai/Mãe, que não consiste apenas em uma manifestação masculina, mas, sim, há a manifestação masculina e feminina, com as quais a mulher em experiência terrena vem caminhando para o perfeito alinhamento e conexão.

A mulher, por eras e eras, busca a felicidade, busca a fuga do sofrimento no aspecto masculino, como a energia que a envolverá em proteção e acalento. Porém tem trazido, dessa forma, apenas mais sofrimento, em pensar que necessita projetar em outrem a sua própria paz e felicidade.

A verdadeira busca da mulher é a do encontro com seu aspecto mais sagrado; quando falamos de sagrado feminino, referimo-nos àquela mulher que passa por tantas vidas sentindo as dores de todos os seus filhos, enfrentando com coragem todos os sentimentos que são tão temidos por toda a humanidade e que se materializam na vida de todos como os sete pecados capitais.

As mulheres experimentam todos os aspectos, sim, e transcenderão todos eles com seu amor. E cada aspecto transcendido, cada emoção despertada que for trabalhada, se tornará um acalento ao seu filho, àquele ao seu lado que busca por essa coragem, por esse colo materno.

A mulher, como ser sagrado e aspecto primordial da Fonte, é a manifestação de uma energia do Deus Pai/Mãe no seu aspecto feminino, e que, fortalecida com as próprias experiências, trará o despertar do amor de forma nunca vista por qualquer homem neste planeta.

Podemos dizer que a mulher é aquela que escolheu passar por todos aqueles sentimentos negados pelos seus filhos, para que pudesse experimentá-los e, então, ser a Deusa Provedora da Verdade, da Coragem, da Fé e da Perseverança.

Viemos mostrar que todos os obstáculos podem ser transcendidos, a partir do momento em que aceitarmos viver essas experiências, e estaremos aqui, acolhendo a todos em nosso coração de mãe, quando de nossa sabedoria necessitarem.

Mas, para isso, precisamos tomar contato com essa verdade, com essa energia que existe em nós, que foi perdida e negada por tanto tempo enquanto nos deixamos envolver pelas nossas emoções, pois tantas vezes passamos por várias experiências repetidas, a viver a mesma experiência, até que tivéssemos a sabedoria necessária para transcendê-la e contribuir para a construção de um novo ser.

A cada emoção controlada, a cada dor superada, a cada sabedoria trazida das nossas próprias experiências, crescemos. Crescemos em amor, nos tornamos seres imensos em nossa luz, e nossos corações brilham ainda mais, a acalentar amorosamente todos os que necessitarem do nosso amor.

Nessa nova caminhada, vamos entender como retomar essa conexão, como aceitar a Deusa dentro de cada uma de nós, como permitir o nascimento da Mãe Divina, da Durga, da poderosa energia de Deus Pai/Mãe por meio de cada uma de nós.

4. Por que Somos Vítimas de Maus-tratos pelos Homens?

Sabemos que nosso coração já chega a essa experiência carregado de mágoas, dores e traumas.

Mas nem assim nos colocamos à disposição de curar a nós mesmas.

Estamos sempre em busca de completar o espaço que está machucado em nosso coração, sobrepondo sobre as feridas novas experiências e sentimentos. Mas não trabalhamos na nossa cura interior, para então abrirmos espaço limpo e reluzente a fim de receber uma nova semente de esperança.

Quando somos vítimas de maus-tratos, estamos imersas em uma realidade de sofrimento, sim, mas apenas enquanto decidirmos não olhar para a maravilhosa experiência que a vida nos apresenta.

Permanecemos imersas em nossa própria dor, mas nos colocamos nas mãos daqueles que buscam apenas curar a si mesmos, por meio das próprias experiências. E nos doamos de forma completa na caminhada de elevação do outro, mas não na nossa.

Mas nem sempre o outro está aberto a receber a luz doada, e assim nos desgastamos, insistimos em algo que não nos elevará, nem ao outro, e despertamos a ira naquele que não aceita ser ajudado.

Essa ira é materializada em forma de agressão, moral ou física, e diante disso assumimos a posição de vítimas. Não estamos ali a orientar, a acalentar, mas sim a reforçar comportamentos obsessivos e destrutivos, estendendo as nossas mãos aos que nos maltratam.

Entramos no jogo de agressões, então incorporamos essa rotina como algo real, e devolvemos ao externo mais agressões e ferimos mais pessoas.

Mas necessitamos entender que os homens, apesar de possuírem os dois aspectos, masculino e feminino, não têm a semente da Mãe Divina dentro de si, e apenas mediante a experiência individual poderão encontrar esse elo de união e assim alcançar a própria paz.

Contudo, essa busca jamais deve ser passada por cima de nosso coração. Precisamos entender onde está o limite entre doar o nosso amor e o outro estar aberto a receber em tal intensidade um sentimento que apenas é despejado, de forma desequilibrada, por alguém que ainda não aprendeu a amar a si mesma; pois nós apenas estaremos prontas a doar o amor quando aprendermos a ser o amor.

Colocamos os homens a habitar o planeta por intermédio dos nossos ventres, mas reforçamos neles desde a infância o comportamento repetitivo em relação às mulheres, o qual no futuro fará com que repitam as experiências dolorosas pelas quais nós mesmas passamos por tantas vidas.

Não aprendemos a encontrar o equilíbrio entre o amor-próprio e o amor ao próximo. Necessitamos dosar o amor, dosar em forma de gotas de luz aquilo que direcionamos àqueles que nos fazem sofrer, para que, em doses menores, possam sentir gradativamente uma energia tão sutil, que sejam realmente incapazes de absorvê-la em grande quantidade, pois se enviada em uma quantidade maior, gera o sentimento contrário: de negação, de repulsa e de agressividade.

Um bom exemplo é recordarem das vezes em que tentaram abraçar amorosamente aquele filho, ou mesmo aquele par amoroso, aquela pessoa qualquer, que estava em acesso de fúria, que não conseguia sentir o amor. Ao abraçá-lo, recebeu uma agressão. E assim são as mulheres que anseiam intensamente doar seu amor, mas esquecendo-se de dosar, de equilibrar com o amor a si mesmas.

As mulheres são vítimas de violência e maus-tratos dos homens apenas quando se esquecem de si mesmas. Doam sua vida completamente a uma pessoa que não está preparada para receber uma dose tão grande de amor. Ao doar esse amor de forma intensa, as mulheres se comportam de maneira obsessiva, como, por exemplo, as mulheres perseguidoras, ciumentas e que se humilham diante dos seus pares ou mesmo dos seus filhos.

A mulher perde completamente o respeito por si mesma, pois toda a dose de amor está canalizada para apenas uma direção e acaba se tornando um comportamento obsessivo.

Pode-se chegar à conclusão de que muito amor é prejudicial. Mas não é exatamente assim que funciona. Na verdade, o amor, do qual somos canais divinos para expansão, deve ser irradiado ao todo, pois devemos compreender que estamos em unidade com o todo, e não em uma só direção.

Muitos seres, que podem ser homens ou não, estão tão imersos em suas dores e sofrimentos, traumas do passado, que não têm condições de tomar contato com um amor tão intenso. Eles necessitam sentir gradativamente, perceber pequenos atos amorosos na convivência diária, mas ainda assim necessitam buscar por esse amor dentro deles mesmos.

Assim como um animal, que quando está obcecado por uma presa deixa de sentir o faro, que é um instinto natural, os humanos da mesma forma, quando estão tomados por raiva e ódio, deixam de sentir amor, que também é um instinto natural.

Então, gradativamente, essa realidade pode mudar, mas apenas quando a mulher perceber que não é a responsável pela busca individual de cada um, mas, sim, apenas pela sua própria busca interior de paz e amor por si mesma.

Apenas por meio da busca interior, pelo irradiar do amor a todos os seres, é que a mulher poderá transformar o ambiente onde vive, canalizando todo o amor recebido do seu aspecto divino para o externo, deixando os locais mais leves, colocando em tudo o que faz uma gota do seu amor, nas atividades diárias, nos pequenos gestos e, até mesmo, nos alimentos que prepara, na água que bebe, em tudo.

Tudo o que é matéria pode ser potencializado com a energia do amor. Nós mulheres somos capazes, como Deusas que somos, como fadas, ou mesmo feiticeiras e as conhecidas antigas bruxas, de modificar a matéria, inserindo ali as gotas de amor, de esperança e de fé. Dessa forma, estamos promovendo a experimentação de todos com esses sentimentos que temos dentro de nós, e que podemos distribuir de maneira abundante, sem necessidade de ninguém ver.

Podemos, secretamente, pôr amor em tudo o que fazemos. E então aqueles que nunca sentiram essa maravilhosa bênção divina tomarão contato diariamente com essa energia, sem mesmo saberem, mas as suas vidas serão transformadas gradativamente.

Quando colocamos amor como sementes em tudo o que fazemos, realizamos magia, alquimia, com as vidas de todos. Temos o poder de transformar a realidade da humanidade, e assim faremos, pois é o nosso propósito.

Colocamos a semente de amor e com o tempo ela germinará dentro de cada um, que virá a nós buscar por doses maiores desse amor, e estaremos abertas a recebê-lo, com o nosso coração irradiado de mais amor.

A nossa fortaleza, a força que nos protegerá de qualquer mal, será sempre a consciência do nosso verdadeiro propósito, além da lembrança de que todos os seres são merecedores do contato com o amor divino da Sagrada Mãe, o qual podemos irradiar a todos, mas apenas quando deixarmos de canalizar somente a um ponto ou de nos envolvermos nas dores de outrem, e pararmos de refletir os sentimentos de ódio, raiva e agressividade.

Quando nos inserimos nessa realidade, toda a nossa vida material se transformará. Virão a nós apenas aqueles que necessitam receber esse amor e que estão preparados para recebê-lo. Então, respeitando o livre-arbítrio de cada um, somente observaremos aqueles que nos maltratavam, e abençoaremos o momento que eles vivem, da própria experiência, como escolheram viver, pois nem sempre estão preparados a receber o nosso amor.

Deixamos então esses que nos maltrataram seguirem pelos seus próprios caminhos, para que um dia sejam agraciados com o toque do amor e busquem em uma Deusa a fonte desse néctar, que está em vários pontos do planeta, não apenas no ser individual; está em todas as mulheres que são capazes de irradiar esse amor.

A Deusa não prende ninguém a ela. Ela permite que todos venham e se vão de acordo com o momento que vivem, com sua própria estrada de aprendizado. Não se prende por carência, pois o outro compreende que já tem dentro de si todo o amor necessário para ser plenamente feliz. Ela liberta todos aqueles que a faziam sofrer, porque despertou para o seu próprio amor. Ela cura, regenera, abençoa e perdoa. E permanece em sua luz, em paz, a receber os filhos que retornarem ao seu círculo de amor, quando estiverem preparados a receber tal energia.

Ela não entra no jogo das ilusões da matéria, não entra na energia de sofrimento e dor daquele que a maltrata, ela apenas segue o caminho e abençoa, perdoando e compreendendo que cada um tem a própria estrada a seguir, aquela que é perfeita para o seu próprio aprendizado, e compreende que nenhuma estrada é igual a outra, mas, sim, que cada um constrói pela própria sabedoria adquirida.

Então ela segue, rumo ao encontro com sua paz. Busca no seu coração a fé de que nada deve temer, nada será obstáculo a uma mulher que é verdadeira em seu amor e que o irradia em tudo o que está ao seu redor, pois quando enviamos amor ao todo, o todo vem a nós com abundância e oportunidades, recheando a nossa vida de alegria e paz, de completude interior. Não necessita temer a falta ou a solidão nem mesmo a escassez, pois estará completa em si mesma, na confiança de que tudo vem àquele que irradia a sua luz.

Da luz se gera a luz. Do medo e da escuridão não é possível nascer o amor. Então ela necessita tomar seu lugar ao Sol, libertar-se do medo da solidão e da escassez para que deixe o Sol a iluminar, e mostrar novas estradas a trilhar, que se abrem apenas àquelas que se enchem de amor e renunciam ao sofrimento. Se abre àquelas que separam a sua história da história daqueles que não permitem que brilhe seu amor a todos.

Perceberá por muitas vezes que aqueles que deixou para trás, que a faziam sofrer, eram apenas como pequenas crianças diante da grandiosa magnitude da criação, os quais estão em busca desse amor, mas por estradas de sofrimento, que ainda não os levarão direto ao encontro da fonte desse néctar; no entanto, os caminhos tortuosos são necessários, para que de fato a busca pela fonte parta dos seus próprios corações.

Assim como uma Mãe Deusa amorosa, apenas observamos nossos filhos seguirem dentro das suas próprias experiências, sem necessidade de fazermos parte disso ou de interferirmos em sua caminhada, mas apenas observamos, assim como a energia da Mãe Divina nos observa e está disponível a todos nós, sem nos cobrar por nada, nem pela nossa atenção, nem pelo nosso amor em retribuição. Ela apenas irradia amor a nós quando buscamos por esse amor, respeitando as nossas escolhas sempre.

Afinal, como seria uma Mãe Divina que procura nos controlar e nos envolver nas certezas que ela tem a respeito da vida, se nos cobrasse amor em retorno ou a nossa gratidão?

Nós, como sementes e canais de irradiação da energia da Deusa Mãe, seremos o reflexo das suas ações. E os comportamentos de controle, de carência, de necessidade de receber algo em troca nos distanciam dessa energia, mantendo-nos inseridas em sofrimento.

Quando tomamos contato com a energia da Deusa Mãe e a irradiamos a todos, nos surpreendemos com a força que sempre tivemos dentro de nós, a qual apenas estava adormecida e encoberta pelas ilusões que a matéria desperta e reverbera em nossas emoções.

Então, somos vítimas de maus-tratos porque nos colocamos nessa posição. Pois, afinal, a posição de vítima é apenas uma ilusão, é um véu que gradativamente vamos remover. E esse véu somente pode ser retirado quando deixamos que o amor da Deusa Mãe irradie através de nós, rompendo esse véu, e atinja em gotas de luz tudo em nossa volta em vários pontos, a criar uma nova realidade dentro de nós e no ambiente onde vivemos.

5. Por que Traímos os Homens? Por que Somos Levadas por esse Instinto?

Somos provedoras da verdade, mas apenas no momento em que estamos inseridas na nossa realidade manifestando a nossa essência divina. Quando corrompidas pelo ódio, quando nos deixamos levar pela matéria, que nos mostra algumas vezes que não necessitamos ser a nossa essência, e sim nos adaptar ao meio, entrando no jogo de mentiras, ofensas e traições, nós nos deixamos levar por atitudes que caminham para o lado oposto do sagrado feminino.

O mesmo instinto que leva a mulher a trair é o que a leva a ser agressiva em suas atitudes, quando por outras pessoas é impedida de manifestar seu amor, fechando-se em um escudo protetor para que não esteja fragilizada diante de tanta experiência dolorosa.

A mulher, sublime em seu amor, leva esse sentimento a todos os que a rodeiam. Mas se depara com uma realidade dura, a da experiência terrena, em que necessitará de um pouco mais de fé e perseverança, acreditando em sua essência, para que persista no seu propósito, sem se deixar abater pelas portas fechadas que se apresentam nessa caminhada.

A cada porta fechada, a atitude que é impulsionada pelo ego, e pela matriz planetária, é de desistir do objetivo, ou mesmo de devolver com outra porta fechada, mas que na verdade é o ato de fechar o próprio coração e interromper o fluxo divino desse amor.

Quando vivemos a vida com amor, sem nos deixar levar pelos impulsos do ego, que nos leva a cada vez mais nos fechar ao fluxo divino em nós, somos capazes de permanecer em nossa paz e transpassar todas as portas fechadas que se apresentem no caminho, irradiando o nosso néctar do sagrado feminino.

Devemos nos lembrar de que, mesmo enquanto a porta estiver fechada a nós, temos o poder de irradiar nosso amor e permanecer em paz dentro de nossos sentimentos, sem necessidade de acionar o instinto defensivo do ego, que devolve na mesma moeda.

Podemos não controlar os impulsos que nos levam a trair, ou mesmo a devolver atitudes agressivas com mais agressividade ou frieza, ou podemos escolher seguir pelo caminho que nos conduz ao encontro da nossa verdadeira felicidade, que é a de aceitar que somos a energia criativa feminina que dá vida, que somos canais de irradiação de amor da energia Pai/Mãe Universal. Ao aceitarmos essa realidade, o impulso agressivo aos poucos se dissolverá, e esse é o impulso que geraria várias atitudes, como a da traição.

Portanto, o impulso gerador do ato da traição é apenas o instinto defensivo do ego. Pois diante do medo de nos abrir a essa essência natural que é nosso propósito, o irradiar do amor sem receio, nós fechamos esse canal e cortamos todas as ligações que poderiam reverberar em possibilidades de iniciar esse fluxo novamente, pois sabemos que encontraremos muitas portas fechadas que poderão nos ferir.

Assim nos fechamos em nosso instinto defensivo, que nos impede de amar. Ao menor sinal de nos abrir ao fluxo desse amor, e irradiá-lo a todos, imediatamente nos fechamos com atitudes de traições, afastamento das pessoas, agressividade e todas as demais condutas que mantêm os outros distantes de nós.

Nós nos fechamos, assim, dentro de nossa própria realidade, com medo de nos ferir, com medo de abrir o nosso coração ao acaso da vida, ao incerto e às experiências como elas se apresentarão, sem podermos controlar os fatos, mas apenas alimentar a fé dentro de nós de que temos força suficiente para seguir em frente.

Nós nos bloqueamos, porque ainda não aprendemos a nos amar, e seguimos por tantas vezes por aqueles caminhos contrários, de irradiar do amor em desequilíbrio, os quais nos faziam levar apenas a uma direção todo o amor que chega a nós da Fonte Divina e, no ponto final dessa direção escolhida, estava alguém que nos fechou a porta. Assim, interrompemos o fluxo desse amor e nos ferimos.

Com isso, iniciamos uma nova jornada, alimentando sentimentos de vingança, autoproteção, isolamento, traições e agressividade. Nós nos fechamos ao mundo, nos fechamos ao fluxo do divino em nós, somente porque não compreendemos que deveríamos aprender a canalizar esse amor a nós e em seguida a todo o exterior, não apenas em uma direção. Com o tempo, e por meio das nossas experiências, vamos compreendendo que somos fortes e guerreiras, capazes de suportar todas as batalhas das nossas emoções, que nada pode nos deter, pois saímos dessas experiências fortalecidas e preparadas para receber novamente o amor.

Aprendemos então a amar todas as formas de vida, a irradiar em nossas palavras um pouco desse amor, a levar o consolo a tantos corações, começamos o treino do que será o todo em nossas vidas, pois essa fase será apenas de experimentação, na qual poderemos aprender a levar em doses menores um pouco de amor a cada ser. Deixamos de levar palavras duras e escolhemos levar palavras amorosas. Deixamos de trair, mas aceitamos que cada um deve seguir seu caminho quando não está preparado a doar ou a receber o amor de outrem. Deixamos de insistir naqueles caminhos que nos levariam à dor, apenas aceitamos e abençoamos. Deixamos ir.

Essa leveza a vida nos ensinará, pois nunca a experimentamos. A única forma de completude que conhecíamos era compreendida pelo sentimento de irradiar o amor em uma só direção, mas que era frágil, pois era apenas um fio de conexão que mantinha ativo esse fluxo de sagrado feminino. Um fio é frágil. Mas quando aprendemos a ligar vários fios, em direção a toda a humanidade, sentiremos pela primeira vez o que é a completude, o que é o sentimento de plenitude e realização.

Os vários fios que conectamos na irradiação desse amor a todo o planeta, a várias pessoas em nossa volta e a todas as formas de vida, são nossa força, pois se apenas um dos fios for rompido, não nos abalará. Teremos construído o alicerce que nos sustentará em nosso estado de paz e realização. Passamos a não ver mais sentido em permanecer em relacionamentos desgastantes, ou mesmo insistindo em ajudar alguém que não quer ser ajudado. Pois, afinal, há tantos outros sedentos em beber desse néctar do sagrado feminino, que não será um que fará com que todo o fluxo de energia divina seja interrompido.

Por meio do trabalho do resgate do sagrado feminino em nós, deixamos de achar sentido na traição, também em todas as atitudes em que apenas estamos devolvendo uma reação defensiva ao fecharem uma porta para nós. Deixamos fluir a natureza da mulher em nós e nos alinhamos em nosso propósito, somente assim seremos plenamente felizes.

Durante a nossa jornada, estivemos inseridas em muitas experiências que nos fizeram fechar esse canal de energia, mas que pode ser reaberto apenas se tivermos vontade, pois faz parte de nós.

Enquanto impedirmos essa energia de se manifestar, a da Deusa em nós, estaremos a caminhar por essa terra buscando algo que nos complete, sofrendo, chorando e nos agarrando em pessoas nas quais deixaremos amarrados os nossos sentimentos, como se delas dependesse a nossa felicidade, como se apenas o viver ao lado delas ou a existência delas façam com que a vida tenha sentido a nós. E ao liberar esse personagem de nossas vidas, permitimos que ele também siga seu fluxo de entrega à vida, de abertura às novas possibilidades, e vamos aprendendo a dividir toda essa energia que era canalizada apenas para poucos, para expandir a muitos.

A mulher, em seu aspecto mais sagrado, é a que fará com que o homem encontre sua paz, mas apenas quando o liberar da obrigação de estar presente na sua vida. Quando o deixar ir e vir, em paz e irradiado em luz, respeitando o livre-arbítrio, com respeito e liberdade, e, acima de tudo, Amor.

6. Por que não Conseguimos Ser Felizes Sozinhas?

Imergimos em nós mesmas nas profundezas do incerto. Permanecemos insensíveis às belezas da vida e ao amor a nós mesmas. Separamo-nos da unidade, do todo, da essência da vida.

Afastamo-nos do que poderia ser a conexão com a nossa própria beleza, que nada mais é do que o reconhecimento da divindade interior, que é parte de cada uma de nós. E assim nos iludimos em pensar que necessitamos de algo que nos complete.

A completude apenas é alcançada quando deixamos crescer em nós a essência divina, a Deusa interior, a semente da criação, o Eu Sou irradiado por todo o nosso ser a manifestar seu aspecto feminino *yin*, mas dando abertura do movimento ao *yang*.

A mulher, em sua beleza, não consegue perceber o quanto é separada do externo que teme, mas o quanto é unida ao externo que brilha e que manifesta a vida. A beleza e a sutileza de uma mulher são incomparáveis, e a falta de percepção e de aceitação da própria beleza faz com que busque no externo o preenchimento que lhe falta, faz com que se diminua frente ao que é colocado diante de si, posicionando-se sempre em segundo plano, valorizando tudo o que existe em sua vida como mais importante para manutenção da sua própria felicidade.

A mulher sofre diante dessa visão a respeito da sua própria vida, pois não percebe o quanto os momentos sozinha consigo mesma são preciosos e belos, o quanto pode, nesses instantes, ser um pouco mais de si, e não aquela personalidade ajustada para agradar a todos do seu convívio.

A melhor companhia de uma mulher é a sua própria companhia, quando por poucos momentos de sua vida pode permanecer una com a sua essência divina, em silêncio interior, mas realizando atividades corriqueiras de seu cotidiano com um belo sorriso no rosto.

A mulher sente necessidade de companhia, porque projeta ali sua felicidade, porque quando está apenas consigo mesma pensa estar solitária, contudo, isso não é verdade. Ela está acompanhada da magia, da beleza, da fé, da Deusa. Só necessita descobrir essa beleza dentro de si e manifestá-la, para que brilhe em seus dias, para que torne cada momento especial e belo, a fim de que sua vida seja preenchida da mágica que apenas é obtida com o toque feminino, de criatividade, de alegria e amorosidade.

A mulher é capaz de doar um amor em tal magnitude que se equipara ao amor recebido pela Mãe Divina, pelo aspecto feminino de Deus, mas necessita apenas aprender que esse amor deve primeiramente ressoar dentro de si mesma, a fim de que não se sinta só, para que experimente um tanto desse néctar de felicidade, de acalento e de proteção.

Um colo de mãe, um olhar amoroso, um beijo com carinho, aquele sentimento que apenas a mulher pode oferecer a um filho, ela tem oferecido em abundância àqueles que ama, mas deixa de trazer isso a si mesma. Isso faz com que perca a oportunidade de sentir algo tão belo, tão doce e sutil, e que faz parte da sua própria essência.

Vamos cuidar de nós mesmas como cuidamos daqueles que amamos. Vamos nos tratar com amor, fazer agrados a nós, nos enfeitar, nos embelezar, apenas para nos sentirmos bem e felizes. Vamos aprender a nos acariciar, vamos fazer um curso de massagem somente para praticá-la em nós mesmas. Vamos acariciar a nossa pele e nos perfumar. Vamos reservar momentos para que possamos fazer isso a nós mesmas, colocando ali o nosso coração. Realizando com amor.

Doamo-nos em completude a todos, mas não temos tempo para nós mesmas. Quando se trata de nós, nos contentamos com breves minutos de cuidado. E assim vamos sentindo apenas gotas de um amor tão grandioso. Vamos nos dar ao prazer de experimentar o nosso próprio amor, que por nada pode ser substituído, e isso nos fará sentir mais fortes, mais independentes e libertas da necessidade de outros para nos sentirmos acompanhadas.

Ao estarmos sozinhas, estamos acompanhadas de nós mesmas, que são aquelas que embelezam os dias. São aquelas que tornam tudo uma magia. São aquelas que tornam a vida mais sutil, mais doce e preenchida de aventuras e ideias. A mulher é quem dá movimento, quem faz acontecer, por isso não fará com que ninguém se sinta só. Mas necessita canalizar toda essa energia para que complete a si mesma, e então se preencha com a melhor companhia que conhece: você mesma.

Como são especiais os momentos em que toma contato com esse ser, de tal magnitude e capacidade de trazer alegria e movimento à vida! Esses momentos são raros e devem ser apreciados com carinho e gratidão, deixando a Deusa se manifestar em si mesma, bebendo desse néctar para a sua própria felicidade.

Busquemos fazer atividades que nos agradam, dando movimento às nossas vidas. Aprendamos a ouvir o nosso coração, quando nos traz, em um instante de inspiração, uma ideia para movimentar o nosso dia e a nossa vida. Quando sentimos vontade de iniciar uma caminhada, um passeio no parque ou uma dança. Ou dançar aí mesmo onde está. Abraçar a si mesma, gritar, comer um doce, tudo! Somos livres! Somos especiais e belas, somos criativas e damos movimento à vida, somos aquelas que tornam os nossos dias especiais e os dos outros também.

Basta ancorar a energia feminina em nós e deixar que se manifeste, sentindo cada momento presente e apreciando-o deliciosamente por completo, fazendo as nossas vontades, sem pudor, sem julgamento, pois somos belas e livres!

7. Por que Existe a Maternidade?

A maternidade nada mais é do que a experiência que nos levará a aprender o que é o amor incondicional.

Chegamos a essa vida inseridas em um meio familiar de superação, nascemos filhas daqueles com os quais temos lições a serem aprendidas, irmãs de outros de que necessitamos elevar antigas relações de parceria amorosa e caridade. Mas a experiência da maternidade faz com que a mulher retome a conexão com a essência de amor da Mãe Universal.

É a forma natural e fluida para se obter essa ligação, que também pode ser trazida por outros meios. Mas há aquelas mulheres que escolheram despertar esse sentimento por meio da experiência da maternidade, pois, em razão de vivências passadas, carregam bloqueios que as impediriam de resgatar tal conexão de outras formas.

Aprendemos o que é o amor incondicional por meio da maternidade e em novas experiências futuras poderemos aprimorar esse aprendizado, levando esse mesmo sentimento a todas as formas de vida, à criação e a nós mesmas.

A mulher inicia essa jornada trazendo heranças genéticas familiares ou mesmo comportamentos vindos do grupo de constelação cósmica (constelação familiar) à qual pertence. Com isso, passa a assumir uma personalidade criada a partir dessas conexões.

A mulher começa a se observar como a materialização de vários adjetivos, que podem reverberar em comportamentos repetidos, no apego ao Eu Personalidade. Acredita ser o que viveu até aquele momento, o instante em que gera uma vida, que tem a expêriencia da maternidade, do nascimento dessa vida a partir de si.

É algo grandioso, sim, e que repercute em quebrar muitas das conexões que a mulher havia estabelecido desde o seu nascimento, com vários comportamentos repetidos, os quais faziam com que fosse impedida de elevar sua consciência, o seu Eu Sou, ao sentimento de amor incondicional.

Quando crianças, acreditamos ser filhos dos nossos pais, aprendemos o que é certo e errado, aprendemos com a experiência em sociedade, o que é julgado como correto ou incorreto, não aceitável socialmente. Mas toda essa experiência nos distancia da nossa própria verdade interior. Somos educados em escolas, universidades, e ali também aprendemos com todos os mestres que são colocados nas nossas experiências o que é certo e errado. Enfim, aprendemos por toda uma vida que necessitamos de um mestre a nos mostrar o caminho, que pode ser um dos nossos pais, um professor, um parente, etc.

Agarramo-nos ao sentimento de segurança de que temos esse refúgio, que alguém nos dará as respostas, que alguém nos mostrará o caminho. Mas somos dessa forma cada vez mais afastadas do nosso mestre interior.

Então nasce de nós uma vida, e quem seria o mestre dessa nova vida? Aquela personalidade que criamos, a qual é resultado de tudo o que os mestres de nossa vida nos falaram, foi construída com base em certezas e verdades dos aprendizados de outros. Então nos deparamos com uma situação nunca antes vivenciada, na qual somos o único mestre de um novo ser, por quem somos inteiramente responsáveis, pois fomos nós que demos a possibilidade de que ele viesse a esse mundo, por meio de nós.

Todas as bases que criamos em nossa vida são ruídas, são destruídas, com esse novo fato que simplesmente chega diante de nós, sem avisar, pois sabemos que teríamos a experiência da maternidade, mas não que com ela viriam todos esses sentimentos realmente devastadores.

Sentimo-nos sem chão, sem ter onde recorrer pedindo auxílio, sem entender o que ocorre conosco, pois nunca estivemos de fato nessa posição, de mestres de alguém, o qual amamos de forma incondicional, em que colocamos tantas expectativas, sonhos...

Esse novo ser chega para nos mostrar que somos mestres de nós mesmas, que não necessitamos seguir quaisquer conceitos predeterminados, que vamos começar uma nova jornada de conexão com a nossa própria consciência, com a nossa verdade. Aprendemos a ouvir a nossa intuição.

A intuição de mãe é aquela que traz a plena verdade. Enfim, a mulher torna-se capaz de ser a própria verdade, de trazer todas as respostas para todos aqueles questionamentos que antes procurava em outros lugares.

Essa mãe demora a se adaptar, sente-se perdida diante de cada novo aprendizado que é colocado diante de si durante o crescimento da sua cria. Cada sofrimento do filho, cada erro no caminho são rachaduras em seu pobre coração amoroso de mãe. Então ela busca novamente auxílio externo, não sabe o que fazer com novas situações que se apresentam diante de si e compreende que, novamente, apenas o seu próprio coração lhe dirá o que é certo e errado.

Essa mãe, iniciante no aprendizado do que é o encontro consigo mesma, mas não com aquela mulher construída com base em experiências dessa vida, ou de seus traumas e medos, ou do que foi ensinado por outros, e sim essa mãe que nasce a partir de agora, com sua consciência completamente vazia de informações, começa a preencher a sua vida de sabedoria adquirida pela sua própria natureza divina da Mãe Universal.

A mulher que nunca havia tomado contato com essa energia é a que mais sofrerá com essa experiência, pois iniciará nessa jornada a partir do completo vazio, e o vazio traz medo, pavor, depressão. Ela é colocada diante de um fato que nunca quis observar: de que tudo o que tinha aprendido não faz mais sentido e que ninguém poderá ajudá-la, pois ninguém entende o que sente. Tudo o que aprendeu não é mais aceito, e a mulher entra em um conflito consigo mesma.

A depressão é consequência desse período em que a mulher não aceita esse esvaziamento, quer se agarrar com todas as forças naquela antiga personalidade, mas o que se apresenta diante de si é o contrário. E mais doloroso será enquanto não aceitar o esvaziamento e trabalhar o silêncio interior.

Por meio do silêncio virão as novas certezas, as intuições, e a mulher começa a se maravilhar com a nova Deusa que nasce. Sente-se forte, madura, completa, preenchida de amor... e assim inicia o nascimento não só de uma criança, mas também de uma Deusa.

8. Ainda Há Esperança para as Mulheres que Sofreram com a Violência dos Homens?

Para cada presa abatida, há sempre uma vida a ser alimentada. Assim dizem os bárbaros, considerados aqueles que trazem o sofrimento, a violência em atos por meio das suas mãos.

Mas se refletirmos em âmbito mais profundo, o que seria a presa senão aquela que promove a sustentação da vida de alguns, que até entao pouco despertos para as verdades da existência ainda se prendem a atos de violência para que, em busca de alimento, saciem sua fome?

Daí surge o questionamento: qual a relação da presa abatida e dos bárbaros no que diz respeito ao relacionamento entre mulheres e os homens que lhes causaram sofrimento por meio de atos de violência? Pose-se compreender em profundidade o que ocorre com esse ser que comete atos violentos contra uma mulher?

E essa mulher? Ela necessita de uma segunda oportunidade em sua vida? Como ela vê todo o futuro que se apresenta diante de si? É um estado de vazio? Ou de preenchimento de algo que não sabe ainda ao certo identificar?

Os atos de violência, ainda que julgados como bárbaros, são parte de uma estrada de aprendizado e evolução de uma alma, de sua libertação.

O que torna o ato violento é o ângulo de observação do fato, sabemos que cada atitude gerada nada mais é que a consequência de energias ressoantes que se aproximam para produzir um ato.

Portanto, a verdade é que esse sofrimento, o fato de colocar o ato de violência com a palavra sofrimento, é apenas consequência de uma visão restrita a somente um pequeno trecho de uma longa história de alma.

A verdade é que não se sabe o motivo de todos os fatos ocorrerem na vida das mulheres; o propósito divino que está por trás do ato cometido ou do fato ocorrido. Sabe-se apenas que é sim um ato divino.

Pode parecer lindo quando observamos um opressor ser punido, julgado e condenado. Mas dentro da visão restrita desse mundo material, não é possível saber o que está envolvido em toda a gama de fatos e ligações estabelecidas para que essa ação ocorra.

Diante de um ato de violência, sabe-se que a mente é colocada em uma situação na qual não é capaz de pensar de forma divina, como fez Jesus. Ele foi vítima de atos de violência, e ainda assim amou a todos aqueles que o violentaram.

Quantos milhares de anos serão necessários para compreendermos todos os ensinamentos que o amado mestre nos trouxe por intermédio de sua curta passagem na encarnação na qual foi conhecido como Jesus?

Ele nos mostra, em cada ato, em cada lufada de ar que respirava, um ensinamento. Por tantas vezes foi mal interpretado, justamente porque estamos tão condicionados a observar tudo da forma egoica que nos fechamos às verdades divinas.

A verdade é que não existe sofrimento nem há atos de violência. Jesus compreendeu isso. O que existe são apenas conexões energéticas que se encontram para que ocorra uma ação e, nessa ação, grande carga de energia densa seja transmutada, limpa, iluminada.

Então trago a verdade que é tão difícil de ser compreendida pela maioria das pessoas: os atos de violência são ações de limpeza energética intensa. Assim como vocês carregam tantas dores e apenas com um grande choque de realidade compreendem que o caminho da luz é para o lado oposto, também se dão os atos de violência nesse mesmo sentido.

Cada fato ocorrido em nossa vida, que julgamos como ato de violência, cada experiência que vivemos que é considerada um grande choque ao nosso ego, ao nosso instinto de proteção animal, do ser encarnado, são grandes cargas que carregamos, as quais são limpas, iluminadas e transmutadas em luz.

Vemos exemplos diariamente em proporções pequenas e grandes, variando conforme a intensidade da energia acumulada necessária para que a dor seja limpa e transmutada, para que os pacotes que carregamos por tanto tempo sejam não só largados, como também explodidos em um grande ato que fere tudo aquilo em que acreditamos, que nos derruba, que nos destrói.

Mas, a partir dessa destruição, nos regeneramos, ela nos proporciona a ressurreição. Sim! A ressurreição! Aquela que Jesus veio nos ensinar, que tantos confundiram e interpretaram por novos nomes, incapazes de compreender tão grandioso ensinamento.

A cada ato de violência, a cada fato ocorrido em nossas vidas que julgamos ser uma violência, pois sabemos que dar o adjetivo de violência a algo é humano e não divino, ocorre a ressurreição de um novo ser.

Percebam que olhando pelo ponto de vista daquele que comete a violência, muitas vezes, não é compreendida como tal, mas quando do ponto de vista de quem sofre o ato, ele é recebido como violência de acordo com toda a bagagem de crenças que a pessoa carrega.

Então vamos ao ponto específico da violência do homem contra a mulher.

Digamos, por exemplo, uma mulher que sofreu atos contra sua carne, atos de invasão no âmbito da sexualidade, como tantos sabem e já ouviram dizer.

Nesse exemplo, a mulher carrega em si uma grande bagagem de sofrimento, de dor, que se transformou em atitudes de desequilíbrio no âmbito sexual em sua vida. Essa mulher sofre, mas ainda não tem consciência de que é um ser sofredor. Ela carrega essa bagagem que a impede de seguir em paz na sua vida, que dita seu caminho, que fecha portas das possíveis oportunidades em sua vida.

A mulher leva consigo ímpetos que, por mais íntimos e escondidos, às vezes até de si mesma, carrega como fardos pesados, pacotes grandes de informações no âmbito da sexualidade, que impedem que atinja o divino nesse aspecto.

Essa mulher, carregando essa bagagem de tantas vidas, não terá a chance de experimentar o aspecto divino do ato sexual, da união do feminino e do masculino em explosão de luz e êxtase pacífica, que traz a oportunidade de elevação espiritual. Ela leva uma vida desregrada e é completamente fechada nesse aspecto.

Certamente que algo sutil nunca a faria deixar para trás pacotes tão grandes de informações que ela carrega por tanto tempo, e que acredita ser a plena verdade, mesmo que em desequilíbrio.

Apenas algo realmente capaz de causar um grande choque a fará deixar para trás esses pacotes, pois um ato forte como o que é colocado como "violência" é o que faz com que deixe de acreditar em tudo o que acreditava, com que os pacotes carregados sejam aniquilados, destruídos, para não mais poderem ser carregados.

É difícil compreender o quanto essa mulher se identificava com aquilo que acreditava, e com os pacotes que carregava, e por isso também não é fácil entender o quanto foi importante a ela o fato ocorrido que a fez deixar esses pacotes para trás. Isso transformou a vida dessa mulher para sempre, abrindo novos horizontes.

Foi a sua oportunidade de ressurreição.

Ainda dentro do corpo físico, mesmo o corpo permanecendo em vida biológica, essa mulher deixou morrer sua alma, permitiu que fosse apagada em si a luz divina. Tudo o que acreditava deixa de fazer sentido e existir. Ela se vê imersa em um vale de sombras e está diante de todos os seus medos. Tudo o que tinha construído mentalmente em sua vida, suas crenças, certezas, decisões mudam a partir desse momento.

Mas não mudam para uma nova direção. E, sim, apenas se esvaziam. Ela não sabe mais qual caminho seguir. A mulher não sabe mais o que é certo e errado, então apenas se deixa esvaziar.

O período é devastador para essa mente, que permanecia cheia de certezas e metas, mas que agora não tem direção. E então uma nova vida começa a se abrir. Gradativamente, novas portas vão se abrindo e oportunidades surgindo para que haja um novo recomeço.

Nesse novo recomeço, ela iniciará a passos lentos, cuidadosa, para que não se machuque mais, trazendo ainda os traumas da experiência de perda vivida, a perda dos pacotes, então passa a entrar em conflito diante da forma de se relacionar com os homens.

Afinal, terá de reaprender a se relacionar para que não traga em sua mente as lembranças traumáticas, a fim de que possa aprender a curar as feridas, perdoar e seguir em frente preenchendo sua vida com relações amorosas, nas quais receberá amor, valorizará o amor e a doçura em sua existência.

A mulher iniciará uma nova estrada de aprendizado que a fará alcançar o prazer na relação com o homem, que obviamente será construída desde a base, já que, após o trauma, passa a desacreditar na sua capacidade de ter prazer nas relações.

Ela será aquela que resgatará do vazio da sua alma, o aprendizado ancestral a fará alcançar o prazer pleno nas relações.

9. Por que não Podemos Ter Prazer nas Relações com os Homens?

Estamos inseridas profundamente em nossas emoções.

Estamos expostas às nossas rotinas, que nos sugam as energias por não sabermos lidar com as nossas emoções. Deixamo-nos afetar por aquela voz que nos mostra que devemos ser perfeitas, que tudo deve estar em ordem para nos permitir saborear um pouco da vida.

Não conseguimos relaxar diante das responsabilidades que assumimos, dos fardos que decidimos carregar, dos pesos, compromissos e personagens que decidimos criar e sustentar durante os nossos dias.

Somos mulheres fortes, mas somos frágeis, pois colocamos o nosso alicerce em algo que não está sob nosso controle. Colocamos esse alicerce em nosso trabalho ou em nossos relacionamentos, sejam eles com amigos, filhos ou com o par amoroso. Criamos a imagem da mulher que precisa estar em pé diante de todas as dificuldades e, assim, sustentamos a nossa imagem. Mas não percebemos que, ao criar essa personagem, criamos um peso muito grande a carregar pela nossa vida.

Conquistamos, como mulheres independentes, o nosso lugar ao sol. Já não somos como as antigas mulheres, que buscavam respeito e posição social ou profissional. Somos vistas de forma igualitária, pois assim semeamos em nossas vidas. Afirmamos isso durante as nossas experiências, e não nos permitimos errar ou tropeçar nessa caminhada.

Criamos responsabilidades, dramas, cobranças, ilusões, sem medida. Estamos buscando pelo nosso prazer, pela nossa independência, mas ainda assim acabamos originando uma vida de sofrimento, que nos impede de sentir prazer em nossas relações.

Sabemos, nós mulheres, as inúmeras tarefas que assumimos diariamente para nos manter belas, ou em paz, em equilíbrio, ou então para manter as vidas dos nossos filhos, irmãos, pais, maridos equilibradas. Aprendemos a ser independentes e a conquistar o nosso lugar ao sol, porém esse comportamento se torna devastador em nossas vidas, pois estendemos como uma compulsão controladora sobre todos os que nos rodeiam e sobre nós mesmas.

Deixamos de apreciar a vida quando decidimos ser livres, mas, afinal, buscávamos ser livres para poder apreciar a vida. Não encontramos a oportunidade de apreciá-la em meio à busca desenfreada por liberdade e autonomia, pelo controle das nossas próprias vidas.

Vemo-nos sós em meio a nossa busca pela liberdade, nos sentimos vazias no nosso coração, mas cheias de atividades e compromissos, e nos queixamos por faltar algo em nossa vida para que possamos realmente apreciá-la.

Ao buscar pela nossa liberdade, tiramos a oportunidade daqueles que convivem conosco de nos auxiliarem, de participarem amorosamente de nossas vidas e, assim, acabamos por seguir dois caminhos: um de nos isolarmos e outro de controlar a vida do nosso parceiro amoroso e da nossa família, a ponto de não sentirmos mais prazer nas relações.

Como então podemos resgatar aquela sensação de prazer pela vida, a apreciação em um relacionamento, a leveza e a liberdade que tanto buscamos?

Simplesmente nos entregando e aceitando que somos livres desde o momento em que nascemos, que passamos a existir. A busca da mulher por liberdade vem de várias gerações, e trazemos isso em nossos registros, a afirmar que devemos lutar, batalhar, ser independentes, livres... Mas acabamos por transformar a nossa vida em uma completa busca por liberdade, sem pararmos sequer para apreciá-la.

A mulher é livre a partir do momento em que aceita esse fato, que passa a apreciar a vida e viver feliz no presente, sem necessidade de provar algo ao externo, de conquistar nada, pois precisa perceber que a maior conquista do ser humano é a consciência de estar no momento presente, o ato de respirar e sorrir para a própria vida.

Passamos a existência toda buscando liberdade, que inicia ao sair da casa dos pais e se completa em um relacionamento com o marido, então nos deparamos com uma situação em que não somos mais capazes de sentir prazer nesse relacionamento. Não sentimos prazer e acusamos a vida atribulada, os filhos, o trabalho, a falta de tempo como culpados por nos separar da oportunidade de saborear a vida.

Deliciamo-nos em sonhar, em ver histórias lindas e de sonhos alcançados, em filmes e livros, mas não deixamos um espaço em nossas vidas para experimentar um pouco dessa felicidade, que já é presente em nossa existência.

Deixamos de ter prazer nos relacionamentos, na vida, e direcionamos a nossa meta de felicidade atrelando-a à conclusão de um objetivo. Mas quando essa meta não é alcançada, nos frustramos.

A beleza da vida está em viver de forma completa os relacionamentos, em nos permitir ter prazer, sem julgamento. Pois temos essa grande carga de informações, que nos repete o tempo todo que devemos dar um tempo no prazer do momento presente, para reservar energia para gastar na busca pela liberdade. Deixamos de saborear o instante para nos guardar para o dia seguinte, que será de muita luta, em que teremos todas as nossas obrigações.

Obrigações estas que aceitamos cumprir porque acreditamos que elas asseguram que teremos a nossa liberdade garantida. Deixamos de aceitar um convite para um momento de prazer ou mesmo de ter instantes de prazer a sós, pois não podemos parar o nosso ritmo em busca de assegurar o nosso conforto e felicidade no futuro, a nossa paz.

Deixamos de ter prazer nas relações com os homens, porque não podemos deixar a busca pela nossa independência cessar nem ser atrapalhada por alguma distração. Então nos fechamos e deixamos de ter prazer na vida. Precisamos primeiro nos consolidar e garantir nossa liberdade, essa força que nos empurra de forma inconsciente nos afirmando essa cobrança repetidamente e que move as nossas vidas, mas que nada mais é que um impulso criado com base em um grande banco de informações akáshicas planetárias de dor e sofrimento da mulher.

Necessitamos nos libertar desse fardo, desse grande peso que carregamos, e abrir espaço para o prazer em nossas vidas. Julgamo-nos, nos culpamos. E os homens, livres de culpa, seguem as próprias vidas de maneira feliz, pois não se bloqueiam de sentir prazer.

Podemos sentir prazer e isso não é errado. Podemos buscar o prazer em todos os tipos de relações, sem nos bloquear, não há certo ou errado. Necessitamos de momentos de prazer conosco mesmas, nos quais aprendemos a nos amar, a fazer o que gostamos ou não fazer nada. Precisamos nos libertar da cobrança que o inconsciente traz a nós todas as vezes que pensamos em fazer algo que nos dê prazer. Pois, com isso, vem o julgamento, dizendo que podemos ou não sentir prazer.

Achamos que somos fortes em buscar a nossa liberdade e independência. Mas somos prisioneiras de nossas mentes compulsivas que insistem em nos manter inseridas na busca eterna pela liberdade e nos afasta do prazer pela vida.

Ao nos doar ao prazer, ao nos abrir para que este se torne uma rotina em nossas vidas, provamos ser fortes, donas de nós mesmas, e não controladas por crenças limitadoras de uma sociedade antiga, que não tem mais influência nos dias atuais.

Necessitamos perceber que já é hora de nos permitir ter prazer. Ter essa consciência será libertador e trará mais liberdade em nossas vidas, pois ser livre é não se julgar ou se prender a crenças e julgamentos quando se tenta ser feliz e viver a vida na matéria como é.

Podemos ter os tipos de relações que desejarmos, independentemente de opção sexual, seja amorosa ou de amizade. Podemos nos alimentar de qualquer espécie de alimento, que nos dê prazer, e só isso. Podemos ir aonde quisermos e como quisermos. Podemos dançar no meio da rua, sim! Podemos gritar, sim! Podemos dizer que amamos, sim! Podemos nos acariciar, comprar um mimo para nós, cuidar da nossa pele, da nossa beleza, nos amar! Podemos ter prazer em nossa vida, sempre!

Quando aceitamos o prazer para nós, nossas relações mudam, as pessoas em nossa volta sentem nossa energia, nosso magnetismo, nossos olhos brilham, nossa voz fica mais leve, mais doce, a vida fica menos amarga, menos difícil. Nossos maridos, namorados ou relacionamentos passam a se sentir mais atraídos por nós, pois realmente ficamos mais atraentes. A felicidade é atraente; é um ímã que atrai as pessoas, que espalha luz e esperança a todos os lugares. E tudo isso pode ser alcançado quando nos abrimos ao prazer!

10. Como Ser Forte como Durga?

É quando resplandece diante de si a beleza da vida, o amor por todos os que se apresentam nos seus dias e o equilíbrio perene, que se tornará parte de si e de sua realidade.

Ser forte como Durga é ter o controle das próprias emoções, amar com o coração aberto a irradiar esse amor, mas com o escudo dourado do equilíbrio e do não julgamento.

Esse escudo não a impedirá de sentir o que é o amor, ou mesmo de irradiá-lo, mas, sim, será o que fará com que permaneça em estado de paz e equilíbrio todo o tempo.

Então a força está justamente na paz, na observação dos fatos sem se deixar envolver, permitindo que cada um siga sua estrada de aprendizado, livre e liberto. A fortaleza está quando se percebe que a vida é feita de belas oportunidades de regeneração e cura, mas que cada um deve conquistar cada passo de luz com a sua própria força, para que então encontre também a força interior.

O estado de força da mulher, daquela que ama como uma mãe, mas não é frágil a ponto de se deixar derrubar pelas dores da vida, não é o estado de rigidez ou de raiva, de fuga das experiências, mas, sim, de encontro consigo mesma, com a verdade da existência.

A mulher encontrará o cálice sagrado da força de Durga apenas quando cruzar todo o vale de ilusões que criou na sua vida. Esse cálice, quando encontrado, será perene. Mas para isso, a travessia pelo vale de ilusões compreende largar crenças, expectativas, dependências, além do controle das próprias emoções.

Ao reagir de forma autoritária, a mulher não é forte, ela é, sim, alguém que não controla suas emoções, pois necessita deixar a fera rugir para que se sinta respeitada e ouvida, a fim de que se sinta forte. Mas não percebe que dessa forma expõe a sua fraqueza, que é a falta de controle de suas emoções.

Necessita perceber esse processo ocorrendo dentro de si mesma, para então agir para a própria liberação dessa crença, de que a mulher forte é aquela que sabe se impor, que comanda as situações. Mas o fato é que a mulher forte é aquela que apenas deixa que a vida siga, que aprecia a paz do momento presente, em luz e amor para todos, e para si mesma.

É aquela que deixa de observar a felicidade alheia para ser feliz consigo mesma, não cria expectativas em relação à vida para, de fato, abraçar o estado de felicidade. É alguém que não se culpa se errar, mas trabalha para a própria transformação, se respeitando, para que ocorra no tempo saudável dentro da sua capacidade de assimilar as novas informações e incorporar a própria mudança.

A fortaleza de Durga está no amor pela vida e pelos seus filhos, e em união a tudo e a todos ama a si mesma, pois percebe que não há certo nem errado, feio ou bonito, bom ou mau. Mas há, sim, a união de todos esses aspectos para que a vida ganhe movimento, para que as experiências se deem e para que o viver se torne belo, recheado de beleza em níveis tão profundos que trazem oportunidades de cura transcendentais, que apenas a Terra proporciona.

A mãe Durga, em sua força, observa o sofrimento de seus filhos com amor, mas sem se deixar levar pelo estado de dor, apenas compreendendo que tudo o que ocorre é perfeitamente calculado e na medida exata para a cura daquela alma, por isso é belo.

A beleza é percebida em todos os lugares, desde os de extrema pobreza até os de imensa riqueza, desde os belos pomares até os depósitos de alimentos em decomposição. Em todos os cantos do planeta há vida, e a vida não se esvai, ela apenas se transforma. O que é feio é um grande concentrado de transformação e geração da vida, de oportunidade de cura e nascimento de novas oportunidades.

A beleza é observada apenas por aquela mulher forte que aprendeu a aceitar toda a vida, com todos os seus aspectos, com amor. Recebeu tudo o que é existente com os braços abertos, sem virar o rosto a nada, sem julgamento e sem deixar com que as suas emoções distorçam essa realidade, essa verdade.

A Durga forte ama aquele que a ama e aquele que a odeia. Ama quem fez o bem e quem fez o mal. Ama a todos, e a sua fortaleza está nesse amor irradiado de forma igualitária a todos, sem exceção e sem julgamento, sem colocar nos fatos os sentimentos que eram apenas trazidos de recordações dolorosas do passado.

As recordações trazidas de experiências devem sempre ser encaradas como sabedoria em estado de equilíbrio, nunca causando dor e traumas nas novas experiências que se apresentam. Por isso, a cada oportunidade de vida, a cada vivência, é mais sabedoria que fica armazenada nos nossos registros. Essa sabedoria é parte da natureza da evolução do ser. Adquirimos sabedoria sempre, desde que fomos criados até o momento que subirmos mais e mais em nossa escada de sintonia evolutiva.

Hoje estamos representados por nosso corpo material no aqui e agora, mas somos apenas parte de uma energia muito maior, que nos dá a oportunidade de sentir e viver em vários níveis dimensionais, pois são parte de nós. Somos todos Um.

A força é alcançada quando a compreensão dessa verdade se torna presente em todos os nossos dias, quando não nos deixamos mais envolver pelas ilusões e alcançamos o tempo todo a sabedoria trazida das nossas experiências, que nos afirmam mais e mais que somos todos a mesma energia. Por isso a necessidade de tanta diversidade de experiências materiais, que trazem oportunidades ao espírito de evoluir e curar as suas dores de alma.

A fortaleza está na doçura daquela que não se deixa abater simplesmente porque vê a vida como algo especial e mágico, como uma grandiosa oportunidade de elevação e observação.

A força é alcançada quando aceitamos que todos somos um.

11. Por que não Conseguimos Encontrar Acalento em Nosso Coração Quando Somos Abandonadas pelos Nossos Homens?

Acalentamos a todos, mas não acalentamos a nós mesmas. Deixamos de derramar o amor para nós e, então, nos entregamos de coração aberto e sem proteção às circunstâncias da vida.

A vida traz as experiências estando nós preparadas ou não. Estas são necessárias ao nosso adiantamento. Mas criamos dentro de nós a crença de que nunca precisaremos nos alimentar de amor-próprio, pois nos colocamos na posição de receptoras de amor e cuidado daqueles que estão à nossa volta.

Colocamo-nos em posição contrária à nossa natureza feminina, que é de cuidado, proteção e amor. Por isso permanecemos fragilizadas diante da vida, não encontraremos acalento em um momento de abandono, pois sabemos apenas oferecê-lo ao externo, sem trazer um pouco a nós mesmas.

Projetamos na imagem masculina o papel daquele que provê tudo de que necessitamos, o sustento, a proteção, a sensação de completude. Mas esquecemo-nos de que as energias feminina e masculina estão presentes em todos os seres.

Nós, mulheres, alimentamos a fragilidade em nós, para trazer os homens para mais perto, com medo da solidão e da escassez, com receio de não encontrarmos mais acalento sem tais presenças em nossas vidas. Colocamo-nos no papel daquela que é frágil, emotiva, sensível, ou mesmo deixamos a agressividade tomar conta de nossa personalidade, manifestando comportamentos obsessivos e compulsivos com os homens, para que entendam que precisamos desequilibradamente afirmar que somos fortes e completas em nós mesmas. Mas quando se aproximam amorosamente, veem a flor surgir e a fragilidade se mostrar.

Todo tipo de comportamento possessivo: ciúmes, desequilíbrio, vem do medo de afirmar a si mesma que é completa em si, e que não necessita buscar essa posição mostrando força e liderança para aqueles com quem convive.

A mulher necessita encontrar o equilíbrio entre a fragilidade da flor e a firmeza da rocha, mas sem deixar que a tempestade destrua esse processo de transição, entre a flor e a rocha.

Pois a mulher é a flor, mas também é a rocha. E cada vez que transita entre esses dois polos, não necessita passar pela tormenta de suas emoções. As emoções bem trabalhadas e equilibradas farão com que a mulher seja sempre a flor e a rocha, de forma constante. Que consiga dizer palavras doces e carregadas de sabedoria e respeito. Que ela seja firme em suas convicções, mas flexível para observar outros pontos de vista em relação à vida e à fragilidade dos demais em seu desenvolvimento.

O estado de desequilíbrio, o fato de a mulher não procurar estar sempre transitando em paz entre esses dois polos, deixando que a tormenta se faça constante em seus dias, a deixa despreparada para qualquer adversidade da vida, como o dia em que não mais terá em sua volta aqueles que ama.

A tormenta é o que causa o desequilíbrio e a sensação de que não há acalento em si mesma nos momentos de dificuldade da vida, nos momentos de mudança, pois sabemos que as mudanças são necessárias para o nosso adiantamento e que sempre farão parte das nossas vidas. O estado de paz, quando a mulher se permite ser a flor e a rocha ao mesmo tempo, em equilíbrio, fará com que quaisquer adversidades da vida, como os momentos de transição de etapas de aprendizado, mudanças, separações, recomeços, sejam sempre vistas como parte da existência e aceitas com a doçura e a sensibilidade de uma flor, fazendo com que a mulher tenha uma atitude compassiva diante da experiência. Mas a mulher também será a rocha, firme e forte para que as emoções não a façam perder seu centro.

Todas as mulheres são a flor e a rocha. Enganam-se se pensam que devem abdicar de sua doçura, de sua sutileza, de sua sensibilidade leve, para que consigam permanecer em estado de equilíbrio e protegidas sem ferir o seu coração quando em momentos de separação.

Quando os homens se vão é porque devemos seguir por outro caminho e respeitar, então, a fase da vida que se apresenta. Agradecer e abençoar as experiências que chegam e as que se foram. Deixar falar a voz da doçura, o aspecto da flor, que transmite o perfume e a beleza como recordação de algo que foi belo e válido para a nossa vida, mas, ainda assim, permanecer forte como a rocha, a olhar apenas em frente, adiante e ao alto, sabiamente aceitando as novas oportunidades que se abrirão e certa de que isso será perfeito para nós.

O acalento que buscamos nada mais é que o resultado da condição de desequilíbrio por permanecermos por tanto tempo no estado de tormenta. Nunca sabemos quando a vida muda de direção, quando os movimentos ocorrerão, e estamos despreparadas para lidar com fases intensas de mudança. A busca pelo acalento não ocorreria se estivéssemos trabalhando a união da flor e da rocha, e amenizando, por meio do exercício da auto-observação, a redução gradativa dos momentos de tormenta, promovendo essa transição entre os dois estados.

No estado de sensibilidade, da doçura da flor, pensamos ser necessário mostrar a nossa fragilidade. Encontramos fragilidade em nós, mesmo que esta não exista, derramamos lágrimas para mostrar o quanto sofremos e somos frágeis como mulheres, dignas de piedade e amor. Mas esse é apenas o estado da flor em desequilíbrio, no qual a mulher pensa que precisa do amparo de outros para sua própria felicidade.

O fato é que a mulher é completa em si mesma, e o estado de tormenta ocorre justamente quando ela não consegue atingir o despertar do sentimento de piedade e compaixão quando mostra seu desequilíbrio emocional e sensível, e esse sentimento se transforma em ira, então migra rapidamente para a rocha em meio a essa tormenta emocional, que cria sentimentos de vingança, de dor, de sofrimento.

A rocha é a mulher em paz na sua certeza que é completa em si, não a ex-mulher vingativa que busca fazer justiça ou punir aquele que a deixou. Essa é a tormenta tomando o lugar da rocha, impedindo que a verdadeira natureza da força feminina se manifeste, a qual fará com que não encontre o estado de acalento em si mesma quando abandonada pelo homem. O acalento só começará a ser buscado quando cessar o sentimento de revolta, de ira e de vingança, pois em um coração repleto de dor e ira não há espaço para se manifestar o amor, a fortaleza da Deusa interior.

Percebam que, ao deixarmos as nossas vidas serem guiadas por momentos de tormenta, expomos o tempo todo a nossa fragilidade. Mesmo em nossos atos de rebeldia e fúria, estes ainda assim são manifestações da fragilidade do nosso espírito, que é tão suscetível às mudanças externas e não estabeleceu seu campo de proteção, que nada mais é que o estado de equilíbrio.

Como então estar preparada para ser o próprio acalento sempre?

Apenas trabalhando a auto-observação, notando as pequenas manifestações de tormenta na passagem do estado de flor para o estado da rocha. Todas as demonstrações de ira, sentimentalismo, sentimento de vingança ou quaisquer sentimentos que forcem uma percepção externa de como somos sofredoras e frágeis, ou de como somos fortes, sempre serão o estado de tormenta se manifestando. E nesses momentos devemos buscar responder a nós mesmas a pergunta: Por que estamos encenando tal papel? É realmente necessário? Não podemos simplesmente permanecer na nossa paz?

Fica o exercício para todas aquelas que querem realmente se tornar independentes do próprio sentimentalismo e desequilíbrio emocional que carregam por tanto tempo. Aquelas que buscam apenas viver em paz, em estado de equilíbrio pleno, a manifestar o acalento por si mesma e por todos, expondo a beleza de sua natureza, da flor e da rocha, a ser o sustentáculo de uma nova sociedade que se firmará nessas bases imperecíveis e que formarão o alicerce da Nova Era.

Sejamos as Deusas, as Durgas fortes como a rocha e sensíveis e belas como a flor, que ensinarão a toda uma nova sociedade como deve ser construída, os valores e o amor; a paz e as virtudes da alma, que devem sempre prevalecer em meio a quaisquer tormentas. Mostremos como é ser a grande Mãe e, assim, seremos o acalento àqueles que procuram viver na base da verdade e em busca da felicidade plena.

12. Por que Precisamos Sofrer Tanto em Solidão para Encontrar a Força em Nós?

De todas as dores, a mais profunda que sentimos e que atinge o âmbito de nossa alma é a solidão. A solidão na mulher é a força que move em direção à mudança, pois ela vive em meio a uma rotina de troca energética em que doa e recebe amor. Doa e recebe tudo o que traz em seu coração.

A mais linda das manifestações da mulher é a de doar amor. Mas tal amor é bloqueado em si mesma quando envolvido nas ilusões materiais, nas distrações que a vida nos traz, conduzindo-nos por caminhos tortuosos onde agregaremos sabedoria.

Essa sabedoria apenas pode ser encontrada naquela que viveu de forma intensa o seu presente, que esteve junto quando estava junto, e que esteve só quando estava só.

O que trago aqui é mais óbvio do que parece, mas a verdade é que, dentro da imensidão da solidão, encontramos a nós mesmas, e conosco vem a força daquela que perdeu o medo de olhar para si, de enfrentar sua própria verdade, os maiores bloqueios e medos, que são trazidos no estado de solidão.

Vemos aquela mulher que optou em seguir por uma estrada solitária, de autoconhecimento, mas que durante a sua trajetória conviveu com tantos que trouxeram aprendizados valiosos, os quais formam hoje cada pedaço do seu presente.

É como um casal que se diverte ao compor peça por peça de um novo lar, onde ambos constroem tudo com amor, com sentimento, com gosto mútuo, tornando então esse lugar especial, um pedaço que marca momentos da sua história. Recordações amorosas de uma bela época em que cada peça desse jogo era colocada com o coração.

Assim é quando olhamos para as peças que ficaram, que permaneceram mesmo em um momento de solidão. As marcas perduram, mas as experiências se esvaem. Como a névoa que se dissipa com a chegada dos raios do sol, assim também todas as marcas que trazemos pela nossa caminhada são ofuscadas pela irradiação do nosso Eu maduro, a prevalecer diante de tantos reflexos de lembranças materiais.

O que permanece são as marcas, mas elas trazem oportunidades de cura, de regeneração. Pois a cada marca observada, colocamo-nos diante de emoções. Emoções essas que ficam gravadas nos objetos, nos pequenos pedaços dessa casa que foi construída com o coração.

Recordamos de momentos de tristeza, mas os que prevalecem são os de felicidade. E invadem o coração e a mente instantes singelos de nostalgia, de recordação de um tempo em que se foi feliz. Nesse instante de felicidade foi deixada uma marca, e todo o sofrimento se dissipa nessa recordação de alegria.

Em cada pedaço que colocamos em nossa história, há um apanhado de emoções, que banhamos para que aquele pequeno pedaço se tornasse especial. E único.

Assim vemos aqueles objetos que podem estar dentro de nosso coração, como as recordações, a despertar emoções, saudade de momentos de alegria e felicidade, ou mesmo objetos materializados que podemos observar com nossos olhos, os quais servem como o agente que irá despertar a emoção em nós.

A solidão é necessária para que estejamos diante de todos esses sentimentos, quando observamos a fundo cada pequeno pedaço de nossa história. Para que paremos por um instante de permitir que a onda da rotina nos leve, e estejamos atentas a tudo o que passou pela nossa vida com uma velocidade tão acelerada, que nem ao menos notamos o quão foram especiais e contribuíram para que nos tornássemos o que somos hoje.

Os objetos se transformam, pequenas peças se movem, renovamos, reformamos, redecoramos, mudamos de lugar os objetos, pintamos, colorimos ou descolorimos. Mas a verdade é que esses objetos estão ali a representar as nossas emoções. E a cada transformação que sofrem mostram uma fase singela de nossa história, um pequeno avanço em nossa sabedoria e como somos especiais em todos esses momentos que vivenciamos.

Estamos a trilhar caminhos que nos levam a olhar novamente para esses pequenos sinais, que nos retiram da movimentada rotina diária, e nos despertam a atenção a algo que permanecia ali, porém estava esquecido pelos nossos olhos, os quais passavam por ele de forma que fosse invisível a nós. Mas apenas porque não era o momento ideal para nos aprofundarmos naquela emoção.

Estamos aqui a repetir a caminhada trilhada anteriormente, dessa vez procurando acertar. E escolhemos retornar ao mesmo local, onde existem os pequenos pedaços em que deixamos guardadas as nossas emoções, para que sejam acessadas quando chegar o momento certo.

Cada emoção será acessada e transformada em sabedoria; gradativamente, olhamos aqueles registros e nos vemos refletidas ali de forma cada vez menos intensa. Até que é chegado o momento em que não nos vemos refletidas em absolutamente nada. Nós não somos reflexo de nenhuma emoção que tenha passado pela nossa experiência. Somos livres.

Expondo a solidão, e como ela é necessária à cura das nossas emoções, começamos a compreender de onde nasce a força. A força daquele ser que esteve se identificando por tanto tempo com tais emoções, e que necessitava de um tanto de solidão para que pudesse estar diante daquilo que faria nascer a sua força das profundezas de sua alma reluzente; que não mais se sente completo em se observar através dos objetos-espelhos gravados na sua alma, mas que se cansa em repetir essa mesma história por tantas e tantas vezes.

Então inicia uma nova jornada, e dela nasce a Fênix, que apenas poderia renascer nessa força poderosa quando tivesse morrido a identidade que existia refletida nas emoções que já não mais comandam sua vida.

A Fênix se revela e diante de tal magnitude não há emoções que sejam capazes de apagar essa chama. A força nasce da solidão, daquela que observa e não se vê através do espelho das próprias experiências. Está liberta a seguir!

13. Somos Iguais aos Homens? O que nos Diferencia Deles?

Sabemos que o que nos separa do estado de completude com a manifestação Eu Sou é o fato de estarmos projetados em um mundo material, em corpos que nos dividem entre masculino e feminino.

Todos nós somos parte de uma energia suprema, em que não há a divisão, mas há, sim, a união dos aspectos masculino e feminino. Por isso dizem que devemos estar em equilíbrio *yin* e *yang*, que nada mais é do que estarmos em harmonia com os aspectos feminino e masculino, que são parte de cada um de nós, independentemente do sexo. Essa união em equilíbrio permite que vivamos em estado de conexão com a suprema manifestação de nossa existência, da qual surgimos a representar essas pequenas sementes conhecidas como mulheres ou homens, as quais estão espalhadas em diversas dimensões a viver experiências onde o meio material necessita de tal divisão para que exista vida.

Em poucas palavras é possível definir algo tão amplo, mas igualmente tão complexo que, de certa forma, necessita de maior abrangência também no campo da explicação.

O sagrado feminino é complementado pelo estado de união e equilíbrio do sagrado masculino. O que ocorre é que se perdeu essa conexão ao longo das eras. Por muito tempo chegávamos a essa experiência como plenas manifestações do masculino e do feminino, sem julgamento ou sem nos rotular pelas vestes ou pelos órgãos sexuais que compõem nosso corpo físico.

O que ocorre é que estamos todos inseridos em um meio material, e todos manifestamos os dois aspectos que, quando em estado de equilíbrio, nos permitem viver em harmonia.

O que quero dizer não é que esse estado de equilíbrio represente que cada espírito pode chegar aqui em estado masculino ou feminino em termos mentais, comportamentais, intuitivos.

O que chega à consciência do ser encarnado é sempre a mesma informação, de que ele é uma manifestação masculina ou feminina, pois assim se deu a divisão de nossa maior manifestação: a nossa alma.

Chamamos de alma aquilo que não faz parte do corpo físico, que é representado pela nossa consciência, mas a verdade é que alma é algo muito mais abrangente que isso.

Nós aqui, como seres terrenos, somos apenas uma divisão de nossa alma real, que está manifestada em dimensões mais sutis e não se divide em masculino e feminino na sua dimensão superior. Para que se manifeste em locais de menor densidade energética, ela necessita dessa divisão para que tenha a possibilidade de viver as experiências que existem apenas naqueles locais. Um deles é a Terra.

Falamos na Terra do futuro, na Nova Era e em quinta dimensão. Sabemos que vivemos em terceira, porém algumas pessoas têm capacidade de viver em quarta já no momento presente. Mas o que seria então a quinta dimensão?

A quinta dimensão é compreendida por aqueles que elevam o seu estado de consciência, de aqui e agora, de plenitude e equilíbrio, a ponto de equilibrar o aspecto masculino e feminino. Isso faz com que se conectem em quinta dimensão e, assim, vivam no momento presente, ainda encarnados neste plano.

O estado material do corpo não impede a vivência do espírito em tal dimensão; por muitas vezes isso é mal compreendido, o que pode ser visto como homossexualidade, ou mesmo aqueles que acreditam que um espírito encarna como homem ou mulher, sendo este sem masculino nem feminino, como se fosse assexuado, então incorporasse cada lado de uma vez para encarnar dentro de um corpo de homem ou mulher.

Mas o que não se compreende é que uma alma desperta, que em sua experiência terrena equilibra o estado do sagrado masculino e feminino, o *yin* e *yang*, assim vibrando em quinta dimensão.

Um ser nessa condição, no momento do seu desencarne, se une em ressonância ao seu estado mais supremo de alma, e lá não há mais a divisão entre masculino e feminino.

O que ocorre é que a personalidade humana deixa de existir. Há apenas a união entre feminino e masculino, desprovida de quaisquer identidades que eram entendidas como reais na matéria.

Portanto, um espírito que alcançou sua ascensão, quando unido em dimensão suprema naquela unidade onde não há divisão entre masculino e feminino, deixa de ter um só aspecto. E manifesta os dois em equilíbrio, os quais, quando observados do ponto de vista material, são a união de feminino e masculino, no entanto, na verdade, simplesmente não existe mais o conhecido como masculino e feminino. Assim, por exemplo, se um homem encarnado no planeta Terra alcança esse estado e une-se à sua manifestação suprema no momento de sua despedida da experiência material, isso possibilita que retorne em uma nova, se assim entender necessário, e, dessa vez, promoverá uma divisão de si mesmo entre a manifestação masculina e feminina, para que tenha a oportunidade de nova experiência nessa dimensão onde há a divisão. E, nessa divisão, acaba por se manifestar também em feminino enquanto encarnado, mesmo que na sua encarnação anterior nessa dimensão tivesse se manifestado como masculino.

Apenas dessa forma é possível que um fractal, que é apenas parte da divisão de uma energia mais suprema, seja ora mulher, ora homem em sua energia. Só quando atinge o estado ascensional e retorna ao estado de Alma una é que pode iniciar nova experiência a se manifestar como o sexo oposto da experiência anterior. Mas ainda assim será também manifestado nos dois sexos, masculino e feminino. Assim ocorre com todas as almas despertas e que alcançam o estado de ascensão.

Pensamos que esse assunto de sagrado feminino ou masculino é algo místico, inalcançável, que demanda muito esforço. Mas não compreendemos que continuaremos a repetir as experiências enquanto não nos abrirmos ao estado de união entre essas duas energias.

Enquanto alma, não há divisão sexual. Mas enquanto espírito, que seria a divisão da alma em aspecto masculino ou feminino, que chamamos também de fractal, aí sim há a divisão. Essa divisão ocorre simplesmente porque, para viver no ambiente biológico terreno, é necessário que sejamos do sexo masculino ou feminino.

Conhecemos diversas histórias de pessoas que não se sentem confortáveis em seu estado de homem ou mulher, porque sua consciência vibra em lado oposto ao que apresenta seu corpo físico. Essas são nada mais do que experiências a um espírito que vem repetindo suas vivências em busca do equilíbrio entre *yin* e *yang* e não o encontra. Escolhe, portanto, vir em corpo diferente do seu estado de espírito, para que viva com mais intensidade aquela experiência, a fim de acelerar seu processo ascensional.

Outros não se sentem confortáveis em estado material do corpo masculino ou feminino, não se identificam com quaisquer personalidades que possam ser colocadas a eles que ditam e reafirmam que exista essa divisão. Não se identificam com nenhuma delas. A verdade é que realmente não fazem parte de nenhuma delas, e sim estão em proximidade maior com o estado de equilíbrio de masculino e feminino, que os leva em conexão a sua alma suprema.

Estes, quando devidamente orientados, atingirão com mais rapidez o estado de ascensão e plenitude. Mas, quando não orientados, sofrem em meio a uma sociedade que os reafirma que devem fazer parte de um lado ou de outro, e que devem escolher. Com isso se sentem incompreendidos e afastados de algo, porque não se identificam com essa forma de viver.

A mulher é diferente do homem apenas quando olhamos o nível espiritual. Mas devemos compreender que ela, como consciência feminina, e que não necessariamente é um corpo feminino, será sempre uma parte de algo maior. Desse algo superior virá sua ascensão, da união com o masculino, que faz parte da sua alma.

O que necessita ficar claro é que o estado ascensional da mulher não depende da união com algum homem encarnado neste plano. Mas, sim, depende do equilíbrio entre o *yin* e *yang* de si mesma, pois assim estará em conexão com sua manifestação mais suprema de alma, na qual não há essa divisão. Isso a aproximará por ressonância da sua ascensão enquanto espírito, para se unir a algo supremo, mas, enquanto encarnada, lhe trará uma vida de paz e equilíbrio.

As experiências da forma que se apresentam na vida da matéria, enquanto homens e mulheres convivem em sociedade interagindo entre si, servem como campo de observação e amadurecimento, para que compreendam as manifestações de cada aspecto e busquem em si esse equilíbrio, não a competição em mostrar que um lado é superior a outro.

Só a observação do outro aspecto manifestado, considerando assim que o homem observará as mulheres em suas mais sutis vivências, e a mulher observará o homem em suas atitudes, fará com que cada um incorpore essa oportunidade de aprendizado material para o seu ápice de ascensão.

Percebam que estamos em um campo em que há infinitas oportunidades de observação. A partir do momento em que observarmos a vida dessa forma, estaremos trabalhando para nossa própria evolução.

14. Como Podemos Ter Prazer na Vida?

O prazer é algo obtuso quando inserido dentro de uma realidade manifestadora da verdade em pequenas doses.

Estamos a todo tempo no processo de busca da nossa mais suprema manifestação, e lutamos para nos desprender da personalidade restrita.

O mais importante é saber que, enquanto nos identificamos com a personalidade humana, não teremos pleno prazer na vida. Todas as nossas ações são pautadas em reflexos de traumas e experiências do passado, sendo elas conscientes ou não, dessa encarnação ou de anteriores, mas que manifestarão as nossas ações e nos ditarão quem somos durante a nossa vida.

A realidade como observamos neste plano sempre mostrará o lado mais sombrio da vida, escondendo de nós o mais supremo contato com o estado de prazer e plenitude. Vemos as experiências como lutas individuais e coletivas, e buscamos nossa condição de sobrevivência. Tudo está envolvido na busca pela sobrevivência e pela sustentação do ego/personalidade.

Trabalhamos em nós mesmos para sustentar aquilo que pensamos que somos, até que então se manifestam as expêriencias de dor e sofrimento, que sempre nos levarão ao estado de questionamento sobre a nossa vida, sobre as nossas ações. Repetimos, muitas vezes, experiências de sofrimento, até que um dia conseguiremos ser capazes de perceber que é apenas um chamado para a mudança, para abandonarmos a visão da vida que temos de restrições e de que necessitamos lutar para sobreviver.

O sentimento de luta pela sobrevivência é um instinto natural do ego, o qual se manifesta na personalidade humana. É inerente e se mostra com mais força naquele que é desprovido de contato com sua manifestação suprema Eu Sou.

Toda realidade que esse ser observa diante de si será de luta e superações. Passa repetidamente por experiências nas quais será ora feliz, ora triste. E sua vida é observada como um misto de altos e baixos, de períodos de breve alegria e em seguida algo que o fará sofrer novamente.

Esse processo é natural em todos nós, que estamos em busca de manter esse estado de alegria de forma perene, mas ainda estamos agarrados em nossas restrições e manifestações da personalidade, que nos impedem de alcançar voos mais altos.

Buscamos incessantemente alcançar tal estado de paz, mas por caminhos mais longos, pois não percebemos que ao procurar continuamente a felicidade e a paz nos distanciamos delas.

Aí chegamos ao ponto do prazer. O estado de prazer é daquele que não está em busca de sua felicidade e de sair do estado de sofrimento para o de paz. O estado de prazer é apenas daquele que simplesmente não busca. Ele entrega as armas, abaixa os escudos e se entrega à vida.

A natureza do espírito sempre busca de modo incessante de retornar ao seu estado de origem, ao contato com o supremo, com a elevação espiritual, mesmo que de forma inconsciente, então manifeta-se por meio da busca pela felicidade e paz, mesmo que para isso se utilize dos meios que o ego oferece.

A questão é que, quando nos desprendemos dessa procura, quando despertamos para essa verdade, de que não há necessidade de buscar, e sim Ser aqui e agora, entramos na energia do prazer, pois, afinal, a experiência que vivemos neste instante é essa, a vida que temos é essa, o emprego é esse, a cidade é essa, a família é essa. E por que não encontrar oportunidades de ter prazer aqui e agora?

Simplesmente porque estamos envolvidos na busca incessante por Ser ou por Ter algo que não somos, mas que em nosso inconsciente se mostra como forma materializada possível para alcançar o estado de felicidade. Portanto, qual é a diferença entre prazer e felicidade?

Quando aprendermos a parar de buscar pela felicidade, e simplesmente nos abrirmos ao prazer da vida, nós a alcançaremos. É assim que funciona.

Pensamos que devemos buscar por toda uma vida para alcançar os nossos sonhos, por aquele emprego tão sonhado ou pelo belo dia em que iniciarão as nossas férias, mas, então, como será possível viver feliz nessa busca?

O que nos move a essa busca são apenas as restrições que carregamos, traumas e medos, manifestados em um ego buscador de felicidade a qualquer custo. Portanto, todo aquele futuro sonhado que projetamos em nossas mentes são manifestações dos nossos medos mais profundos. Mas fechamos a porta de acesso para entender esse medo, então permanecemos nessa busca, que é apenas um reflexo dessa dor profunda de nosso espírito.

Podemos fazer um exercício breve: anotemos em um papel qual é o nosso maior sonho. Então sigamos divagando nesse tema. Procuremos dentro de nós mesmos qual o motivo pelo qual buscamos por esse sonho. Sim, de fato a resposta certamente pode ser que é ser feliz. Então vamos mais a fundo. Eu lhe pergunto: Por que você acha que isso o fará feliz?

Anote novamente. Escreva o que vier em sua mente, como você vê a felicidade ao alcançar esse sonho. Você anotará a sua percepção do que é felicidade.

Então siga mais a fundo. Observe qual é o inverso daquela percepção.

Se para você felicidade é morar em uma praia, ter contato com a natureza, então, pergunte-se: Qual é o oposto para você? O que seria o inverso dessa manifestação de felicidade?

Seria morar em um lugar onde não há natureza? Onde não há contato com isso? Esse seria seu maior medo? E se esse medo for exatamente o seu presente manifestado?

Percebe como a projeção dos seus sonhos é apenas uma fuga dos seus mais profundos medos? E por isso não consegue ter prazer na vida?

Perceba como pode ter prazer no aqui e agora. Traga para dentro de si o estado de gratidão pela experiência da forma que se apresenta, e a sua vida se transformará. Mas se transformará apenas a partir do estado de aceitação e de viver a vida agora com prazer.

Pois, afinal de contas, você prefere escolher sofrer até a chegada do dia em que seu sonho se realizará? Ou prefere viver a vida agora com prazer, independentemente do que ocorrerá?

Você se identifica com sua imagem projetada do futuro sendo feliz perto da natureza. Mas percebe que isso é apenas uma personalidade criada por você? Você, enquanto espírito, e que é apenas um pequeno braço de uma suprema manifestação de luz e abundância, não tem gosto, não tem personalidade. É como se você perguntasse a Deus se Ele prefere morar na cidade ou na praia. O que Ele diria?

Note que a fonte de abundância e felicidade está em apenas viver o aqui e agora, em aceitar o estado de prazer do momento presente, e dissolver aquela personalidade criada que diz que gosta de natureza e não de centros urbanos. Percebe que o gostar e o não gostar são apenas uma manifestações do ego, da personalidade humana, que se restringe à matéria e nada mais?

Projete dentro de si, então, o estado de confiança de que o melhor sempre se dará e que todas as suas experiências levarão para apenas um fim: a união em uma só energia com Deus, com o Eu Sou. Para isso, não poderá carregar as personalidades que criou e projeta nas possibilidades de alcançar algo.

Esteja presente; seja você no aqui e agora. E entenda que você não é a sua personalidade. Todas as vezes que perceber a sua personalidade se manifestando e tentando puxar o tapete da sua vida, diga um basta a ela. Vire para a outra direção e entre na energia do prazer pela vida.

E assim é!

15. Por que Temos Doenças?

As doenças são nada mais do que manifestações de restrições trazidas pela matéria àquele corpo, por meio do DNA e da constelação familiar a que pertence. Você traz enfermidades em seu estado de espírito ou herda do seu núcleo familiar. Mas sempre é com um objetivo maior, de levá-lo ao encontro com o Eu Sou e mostrar, repetidamente, que o corpo é frágil, mas que a conexão com sua alma fará com que as doenças em você não tenham poder de manifestação.

Enquanto inseridos na energia da doença, enquanto nos vemos como doentes e desacreditamos na possibilidade de cura, aquela cura "milagrosa" que vem da alma, continuaremos a adoecer. Mas quando buscamos dentro de nós a conexão com a Fonte inesgotável de saúde e abundância, seremos sempre saudáveis.

A questão é que essa conexão está perdida para tantos que se deixam levar pelo estado de sofrimento, abrem seu campo de proteção, para que todas as formas de doença se manifestem, mas essas enfermidades são nada mais do que demonstrações da fragilidade das nossas emoções.

Enquanto estivermos em equilíbrio e trabalhando na manutenção da conexão com a energia de abundância e saúde da Fonte, não ficaremos doentes. Mas um pequeno escorregão já é suficiente para nos deixarmos expostos a contrair doenças.

De certa forma, as doenças se manifestam como alarmes a mostrar os pontos de fragilidade não só de nosso corpo, mas também de nosso espírito. Esses pontos de fragilidade são os que impedem nossa caminhada rumo à ascensão.

Os momentos em que deixamos a doença se instalar são justamente aqueles nos quais estávamos em um estado de abertura emocional desprotegida, quando nos deixamos levar pelas emoções descontroladas, mesmo que silenciosas, e perdemos a conexão com a Fonte.

A manutenção da conexão com a Fonte sempre nos deixará imunes a qualquer doença, pois ela é infinita, é saúde, paz, abundância, tudo o que nos faz feliz. Mas quando nos deixamos levar pela experiência material, nos envolvendo emocionalmente nas situações que se apresentam em nossa vida, esquecemos por um momento que a Fonte é suprema. Pois, afinal, o estado de preocupação e envolvimento com um problema no nível emocional é a total descrença na vida, desconexão com a fé e, portanto, desconexão com a Fonte.

Esses breves momentos que vivemos são necessários para que nos fortaleçamos, para que percebamos aqueles pontos de fragilidade emocional que impedem a nossa evolução, pois sempre estarão à espreita para nos tirar da rota em direção à nossa felicidade.

O estado de ascenção é alcançado apenas por aqueles que se virem livres de todas as suas fragilidades emocionais. E digo, somente por aqueles que se veem livres de suas emoções.

Percebam que emoção nesse contexto não é o que confundimos com compaixão, amor ou caridade. Emoção é o estado de desequilíbrio do espírito. É quando observamos as nossas experiências e resgatamos de nossos registros de alma alguma informação que fará com que tenhamos uma reação a tal fato. E qualquer reação é a desconexão com o estado de equilíbrio.

Permanecemos em desequilíbrio apenas porque, ao viver as nossas experiências, deixamos de observar tal fato com a paz e a leveza de que a Fonte nos provê tudo, que é infinita em sua abundância por isso, não precisamos nos preocupar. Nós escolhemos o caminho inverso, o do sofrimento, quando resgatamos de nossas lembranças experiências dolorosas que ressoam com aquela nova que se apresenta diante de nós, então manifestamos a reação em forma de emoções.

Nesse ponto interrompemos a conexão com o fluxo divino infinito de saúde. Então passamos a nos expor sem proteção, como apenas corpos frágeis da matéria. Adquirimos vírus, bactérias ou quaisquer outras doenças.

Como disse anteriormente, nós chegamos a essa experiência material com algumas doenças preexistentes, que trazemos a fim de nos dar a oportunidade de viver esse aprendizado, como modo de serem os nossos alarmes indicativos dos desvios da caminhada em direção à ascensão. Mas não precisamos manifestá-las. Manifestaremos as doenças apenas quando sairmos da rota, e ela estará ali a nos avisar.

Portanto, a doença pode ser vista como algo positivo ou negativo. Pois se não a tivéssemos, seguiríamos por muito tempo sem perceber que estamos longe da rota, e essa experiência teria sido mal aproveitada por nós para a nossa evolução.

Então podemos ver a doença como algo positivo, que nos mostra a caminhada em direção à nossa própria felicidade, mas desde que aprendamos a observar as nossas emoções, a perceber o que causa a fragilidade do corpo a ponto de deixá-lo suscetível a manifestar uma enfermidade, o que causou a interrupção da conexão com a Fonte de Tudo o que É.

Falamos em Fonte porque é algo supremo, é realmente a Fonte de toda a abundância, saúde, plenitude, paz, proteção. Enquanto estamos inseridos na experiência material, necessitamos buscar essa conexão, que nos fará viver de forma plena as nossas experiências, sem as interrupções na caminhada que são trazidas apenas por nossas restrições.

Entendemos ser restrições aquelas lembranças de dor e de sofrimento guardadas em nosso registro, que ficam armazenadas por todas as experiências encarnacionais no conhecido Registro Akáshico. De lá podemos trazer sabedoria e força para enfrentar as experiências, mas também trazer lembranças de dor e sofrimento.

Essas lembranças de dor e sofrimento são exatamente o que nos causam as emoções. Portanto, quando permitimos que tal emoção se manifeste, repercutindo em fragilidade no corpo físico e trazendo uma experiência em que poderemos identificar tal desequilíbrio emocional e curá-lo, nós estamos também limpando, iluminando o nosso Registro Akáshico daquela informação.

A partir do ponto em que alcançamos o estado de compreensão e que conseguimos identificar a causa do desequilíbrio emocional, trazendo a conexão com a Fonte novamente a iluminar tal experiência, faremos com que tal lembrança no Registro Akáshico se transforme em um registro de sabedoria, não mais de sofrimento. Portanto, o desequilíbrio é necessário para a cura de nosso Ser como um todo, multidimensionalmente, e essa cura não se restringe apenas a essa experiência.

Sabemos que, como seres multidimensionais, acessamos todas as informações das nossas experiências em demais encarnações e em outras dimensões, e podemos trazê-las para o momento presente, mas também podemos fazer da forma inversa, ou seja, levar a nossa sabedoria adquirida no aqui e no agora para curar a nossa manifestação em outras dimensões, que estão todas acontecendo também no aqui e no agora, mas de um modo que não podemos compreender quando falamos de tempo.

A verdade é que as doenças nos oferecem a oportunidade de trazer dores profundas de nossos registros e curá-los, iluminá-los, e essa cura será em níveis que não podemos mensurar. Serão curas multidimensionais, que promoverão nossa limpeza para alcançar o estado de ascensão.

16. Por que Algumas de Nós não Podem Ter Filhos?

O resgate da Deusa Durga dentro de nós trará uma compreensão a ponto de sermos capazes de assimilar até aquelas mais incompreensíveis questões em relação a todos os aspectos da mulher.

Enfim, trazemos dessa forma a oportunidade de transcender muitas das dúvidas que nos causam sofrimento.

Trouxemos nos dois últimos capítulos uma forma diferente de abordagem, mostrando que entre o homem e a mulher há diferenciação apenas como espíritos, que são divisões necessárias para que se manifestem em alguns planetas na forma de vida material, alguns onde existe a divisão entre feminino e masculino, como a Terra.

Então passamos a observar tudo isso de forma mais ampla, não mais nos restringindo apenas ao universo feminino, o qual muitas vezes pode nos manter afastadas da sabedoria divina que faz parte de nós, que não tem representação em masculino e feminino do modo que conhecemos. Apenas tem o objetivo de despertar o lado ainda não desenvolvido em nós, para que, no fim, possamos ser o perfeito equilíbrio entre *yin* e *yang*.

As manifestações femininas são necessárias à vida, pois trazem aspectos que auxiliarão na caminhada de muitos por meio do comportamento de instinto maternal das mulheres e também de alguns homens.

Estamos explorando esse tema aqui, nesse ponto em específico, para que tenham uma base de compreensão da informação que será trazida para ser mais bem assimilada.

Ainda que frágil, o despertar do sentimento feminino vai encontrando sua força à medida que é desenvolvido e explorado, vivenciado.

Essa fortaleza trará definitivamente a real manifestação da força feminina, do sagrado, da Deusa. Então para alcançar esse estágio de força e deixar de ser o lado frágil da energia, a mulher necessita de um período para se ajustar, para se adaptar a essa forma de viver, no qual precisará buscar estímulo, em que os seus dias serão exercícios de vivências de força, fé e determinação.

A energia da fé e da força é um tanto difícil de ser alcançada pelas mulheres que ainda se identificam com seu lado frágil. Se permanecerem presas a essa fragilidade, não poderão atingir um nível de ressonância que atraia o lado masculino manifestando-se em si mesmas, podendo acabar se fechando à oportunidade de ascensão.

Como exemplo, as mulheres que são frágeis diante do sexo masculino, que permanecem envolvidas em relacionamentos de forma repetida para se sentirem completas, mas nos quais a masculinidade se manifesta de forma exacerbada e desequilibrada, como trouxemos anteriormente nos exemplos de violência contra a mulher, que pode ser uma violência velada ou exposta.

A mulher demora certo tempo para compreender que não necessita desse complemento no seu externo, mas, sim, que a busca é dentro de si mesma. E esse estado de desequilíbrio é o motivo de as mulheres não conseguirem ter filhos.

A maternidade, o gerar uma vida, é apenas possível de ocorrer quando a mulher tem um certo nível de equilíbrio entre *yin* e *yang*, então torna o ambiente interno energético do seu próprio corpo apto a receber tal energia, a de uma nova vida.

O feto, dentro do útero da mãe, não representado pelo corpo físico do bebê, mas pela energia que a ele se ligará, do novo espírito, será formado e desenvolvido da união da energia *yin* e *yang*, desde o momento da fecundação do óvulo até o momento do seu nascimento.

Após o momento do nascimento, o bebê já manifestado em um corpo físico poderá ter contato com as energias masculina e feminina, por intermédio da convivência com seu pai e sua mãe.

Então, nesse instante, chega o questionamento: O que ocorre quando os pais ou mães são do mesmo sexo? Já dissemos que o espírito que habita o corpo é *yin* ou *yang*. E, se um espírito *yin* habita um corpo *yang*, ele continuará a manifestar a energia *yin*, e vice-versa. Portanto, o bebê terá contato com as duas energias.

Ocorre que desde o momento da concepção até o do nascimento, enquanto o corpo do bebê é desenvolvido, ele se alimenta de tais energias, tanto a *yin* quanto a *yang*, por isso a mulher necessita ter atingido certo nível de equilíbrio dessas duas energias dentro de si mesma, para que torne seu ambiente interno energético apto a receber essa vida.

Por fim, a mulher que não consegue ter filhos e que busca formas diversas de tratamento para alcançar esse objetivo precisa procurar dentro dela o equilíbrio emocional, o alinhamento do masculino e do feminino dentro de si, para então estar em condições de gerar uma vida.

A mulher, na tentativa de atingir esse objetivo, acaba por sair ainda mais do seu centro de equilíbrio. Por mais que tenha atingido um nível bom de equilíbrio entre *yin* e *yang*, ainda assim o período de tentativas e de erros de gestação a fazem perder o seu centro, então o processo se torna mais difícil e o objetivo mais distante de ser alcançado.

Portanto, a mulher que deseja ter uma gestação, primeiramente, deve trabalhar em si essas energias, sem almejar quaisquer objetivos, que seriam o causador do desequilíbrio, pois sabemos que o querer ter nos distancia ainda mais do ter, colocando-nos em um nível de padrão mental de pensamento que torna tudo na nossa vida mais difícil de ser alcançado.

Ela necessita compreender que estamos inseridos na experiência perfeita para o momento presente. E que assim vivendo, no aqui e no agora, estaremos sempre em processo de construção de algo ainda maior. Quando falamos de algo maior, há apenas uma forma de nos tornarmos maiores, que é expandindo nosso nível vibracional, nos aproximando ainda mais do estado de ascensão, que será alcançado do perfeito equilíbrio das energias sagradas masculina e feminina.

Por isso, quando estamos em pleno equilíbrio, tudo se manifesta. Manifestam-se a maternidade e também o estado de paz e plenitude para viver a vida.

17. A Maternidade é Necessária para Sermos Plenamente Felizes?

A maternidade é algo belo e gerador de vida, é uma experiência única. Mas faz-se necessário compreender que o contato com essa energia não se restringe apenas ao ato de gerar uma vida em seu ventre. A experiência da maternidade tem o objetivo de despertar na mulher o ato de se voltar para dentro de si, em que poderá encontrar sua verdade e, então, mudar seus dias a partir dessa vivência. O objetivo final é sempre o estado de ascensão, o equilíbrio do ser.

Enquanto houver a busca pela experiência da maternidade haverá o desequilíbrio, pois a mulher ainda está presa ao padrão mental que trouxemos no capítulo anterior, de uma porcura velada pelo seu equilíbrio de *yin* e *yang*, que é externalizada em forma de uma busca incessante por uma gestação.

Para sermos realmente felizes e de forma plena é necessário apenas estarmos em equilíbrio. E aquela mulher que ainda não consegue atingir seu estado de felicidade, porque deseja ter a experiência da maternidade, necessita trabalhar o equilíbrio das energias masculina e feminina dentro de si, pois o combustível que movimenta essa vontade é esse desequilíbrio.

Quando atingido o estado de equilíbrio entre *yin* e *yang*, a mulher é capaz de compreender muitos dos mistérios da vida, é capaz de viver em paz e plenitude. Mas ainda assim há o aprendizado de entrar dentro de si mesma, de buscar sua verdade e de se manifestar para o externo.

A busca por manifestar sua verdade inicia-se em um trabalho de quebra de padrões do que acreditava ser, dos pontos onde se identifica com o corpo físico e com a personagem que vive no aqui e no agora, ou mesmo de padrões repetidos que vem trazendo como reflexo de antigas personagens que viveu. A maternidade é uma forma de auxílio àquelas mulheres que não conseguem atingir esse ponto, tornando-se um obstáculo à sua ascensão.

Mas há aquelas que, desprovidas da prisão mental que as levariam a buscar desenfreadamente por uma maternidade apenas porque ainda não são capazes de atingir o equilíbrio entre *yin* e *yang*, já estão preparadas para uma gestação, mas ainda assim estão trabalhando em si a quebra de padrões e o desapego da personalidade humana.

O processo de desapego da personalidade é algo que leva não só uma vida, ou uma encarnação, mas também várias. Por isso iniciamos uma nova jornada, repetindo padrões das anteriores, por causa da dificuldade em nos desapegarmos de tais personagens. A maternidade leva a mulher para dentro de si durante o período da gestação, desligando-se um tanto mais do mundo externo. E, após o nascimento da criança, nasce uma nova mulher, que não encontra mais a sua própria identidade, que é levada como uma avalanche a olhar para dentro de si e encontrar sua própria força, a sua Deusa.

Essa, então, é uma maneira de trazer a quebra de padrões e o desapego da personagem que criou, mas é apenas uma das formas. A experiência na matéria em si já oferece essa oportunidade, por isso muitas mulheres simplesmente não necessitam passar por essa vivência, pois o estado de equilíbrio entre *yin* e *yang*, juntamente ao desapego da personalidade, promove a manifestação do Eu Sou no corpo na Terra.

A mulher passa a manifestar tudo o que sua energia mais suprema é. Ela deixa de se identificar com seu próprio nome aqui na materialidade, também com os antigos personagens que viveu. Ela também se sente completa em si mesma, com as energias *yin* e *yang* em equilíbrio, não sente necessidade de se unir a alguém para se sentir completa, mas, se ocorre de unir-se, é apenas para viver em paz e equilíbrio, sem sofrimento.

A mulher que alcança esse nível inicia uma nova fase da vida, em que terá novos objetivos, entre eles o de manifestar a energia do Eu Superior aqui na matéria, como se fosse sua própria Alma Suprema encarnada, aquela da qual foi criada em múltiplas divisões de fractais.

A mulher nesse estado ascensional se torna uma Deusa na Terra, manifestando os poderes do sagrado feminino, contribuindo para a elevação de espírito de outros, torna-se um ser de luz encarnado. Portanto, não haverá necessidade da maternidade, nem mesmo ela buscará por isso. Da mesma forma que não buscará por experiências de sofrimento ou por relacionamentos dolorosos. Ela apenas permanecerá em estado de paz e plenitude até o término de sua existência na Terra e manifestando essa luz para todos a sua volta, para trazer a oportunidade de elevação e ascensão a outros.

A Durga se manifesta de forma plena nessas mulheres, e também nos homens que trabalham o equilíbrio de tais energias, pois sabemos que a Alma Suprema é desprovida da divisão sexual que há na matéria. Por isso, a energia suprema pode se manifestar em qualquer sexo. Assim é alcançado o estado de paz e plenitude na vida.

18. E as Mulheres que se Relacionam com outras Mulheres, por que Sentem o que Sentem?

Em toda mulher há o impulso interior que a leva a buscar seu espelho. Ela não se sente completa nela mesma, como se não fosse autossuficiente para si. Esse é o impulso inicial dos relacionamentos, independentemente de ser entre homem e mulher ou entre duas mulheres, ou mesmo entre dois homens.

Um vê no outro o que falta ser preenchido dentro de si e, portanto, se identifica com aquela outra personalidade que se tornará seu parceiro. A energia *yin* e *yang* é complementada e um servirá ao outro para ensinar a trabalhar com o lado da energia que necessita ser desenvolvido. O equilíbrio será desenvolvido a partir dessa união.

Ocorre que algumas mulheres possuem o lado masculino mais acentuado em energia e sentem a falta da completude do feminino, por isso acabam por atrair por ressonância a energia de que necessitam, a qual realmente as farão se sentir felizes e completas.

Isso é natural do espírito, sempre buscando o seu complemento para que possa caminhar rumo à ascensão. Mas existe algo que pode tornar essa busca mais difícil: é o apego. É o preconceito e o medo.

Sabemos que o chamado da alma a um relacionamento é algo que vem para complementar a energia necessária que falta ser trabalhada naquele espírito, que está em aprendizado de como encontrar o estado de equilíbrio entre as energias feminina e masculina. Mas para deixar a alma direcionar sua vida, a mulher deve estar em estado de paz e aceitação.

Há também aqui na Terra outra energia que movimenta as ações, além do chamado da intuição que vem da consciência; essa energia é o medo. Deve-se trabalhar a liberação total do medo, ego e preconceito, que impedem que escutemos o chamado, pois permanecemos presas dentro de uma energia que não nos deixa seguir o fluxo natural da nossa vida.

Estamos aqui de forma provisória a buscar a liberação desse espírito que veio para aprender como se unir a sua manifestação mais suprema; tal contato o levará ao estado de paz e plenitude nessa vida. Mas infelizmente ainda há aqueles que se bloqueiam a esse contato, permanecendo presos a relacionamentos preconceituosos e trazidos de experiências anteriores como verdadeiros castigos a esse espírito.

Vivemos, sim, diversas experiências neste plano, e elas nos proporcionam a vivência com outros que nos causam boas ou más recordações. Nós nos expomos, erramos, nos prejudicamos, sem ao menos saber que algumas ligações estabelecidas se arrastam por muitas vidas. E muitas dessas ligações nós carregamos até hoje, são aqueles relacionamentos aos quais permanecemos presas e nos quais observamos que a vida não segue seu fluxo natural.

O bloqueio desse fluxo da vida não é apenas percebido na relação que é trazida do medo e das restrições, mas também em todas as demais áreas da vida desse espírito, que em sua existência na Terra, por muitas vezes, se vê preso em experiências de vida repetidas em âmbito de trabalho, relacionamento com pessoas, ou mesmo, às vezes, da própria caminhada espiritual.

O que ocorre é que a caminhada espiritual, até mesmo a esses que estão presos a energias antigas, ocorre com todas as restrições, pois é a única forma de contato que esse ser tem com a vida em paz e plenitude.

Esse ser é impedido de buscar seu complemento em energia. Ele é impedido de manifestar sua natureza e seguir o fluxo da vida, pois permanece preso a experiências de antigas restrições e a pessoas ligadas a elas. Mas há uma forma de identificar e trabalhar essa liberação.

Pergunte a si mesmo: O que você faria se neste momento pudesse ser livre e seguir em frente realizando seus maiores sonhos? Onde você gostaria de viver: neste planeta, neste país ou em outro? Pense que você não tem restrições, que é livre para seguir, que tem toda a abundância material necessária para essa caminhada; então o que o faria pensar em não ir? O que o impediria?

Esse é apenas um exercício para que perceba como o medo pode ainda dominar nossas mentes e nos impedir de sermos plenamente felizes. Então, a resposta a essas perguntas pode ser medo? Ou pode ser que isso não seja possível de acontecer? Ou pode ser que você tenha obrigações na sua vida atual que o impedem de fazer tais loucuras?

Aí está a chave. Pois bem, vou lhe dizer algo, não sei se está preparado para compreender, mas é a plena verdade: você já tem seus caminhos abertos, já vive em abundância. Você pode, agora, mudar de país ou até mesmo de planeta, se quiser!

Ah, isso parece loucura, não é? Pois lhe digo que é a mais pura verdade. E os que se abrem a essa verdade e decidem viver de fato livres, instantaneamente, desbloqueiam as restrições que trouxeram, expandem a consciência; começam a materializar em suas vidas as aberturas necessárias para que a mudança ocorra.

Fluirão novas oportunidades nos negócios, nos relacionamentos e em todas as áreas da vida, pois pensar de forma abundante não é pensar nas restrições ou no que nos impede de seguir, mas em tudo o que existe e que é sim possível de ser alcançado, pois somos criadores da nossa vida.

Então, como mulheres, por vezes deixamos de nos abrir a um relacionamento que irá preencher nosso lado *yin* ou *yang*, porque ainda nos mantemos presas a antigas formas de se relacionar impostas pela sociedade, ou mesmo ao medo do preconceito imposto até pela família. Permanecemos presas e impedidas de manifestar o chamado de nossa alma, que nos mostra o lado certo da caminhada, aquele que nos levará à ascensão.

Nós escolhemos permanecer presas nas antigas restrições da falta, do medo, do julgamento e da prisão mental que nos mantêm por muitos anos de nossa vida apenas a observar os outros serem felizes, mas sem que possamos alcançar esse estado. E olhamos para nós mesmas sem compreender o que nos falta ou o que estamos fazendo de errado.

O que fazemos de errado é apenas deixar de sonhar, deixar de seguir sem medo em frente, em direção àquilo que nossa intuição nos mostra.

Por vezes confundimos nossos próprios sentimentos, que estão tão condicionados a viver uma vida de restrições, que passamos a nos identificar com essa vida, e nos jogamos de cabeça dentro dela, ou seja, conservamos relacionamentos de preconceito, julgamento, agressividade ou até mesmo de desequilíbrio emocional nos quais nos mantemos presas na presença de alguém, porque há o sentimento de pena do abandono. Temos medo de seguir em frente sem olhar para trás e deixar o outro que caminhou tanto tempo conosco a sofrer. E esse outro não se restringe apenas ao par amoroso, mas a qualquer pessoa, inclusive aos nossos pais.

Quantas de nós não seguem em frente porque estabeleceram ligações tão fortes de dependência emocional com algum de seus pais, que não conseguimos abrir os caminhos da própria vida, vivemos na escassez material ou mesmo de relacionamento. Permanecemos sustentando uma ligação que deveria ser estabelecida de forma diferente, que apenas nos projetasse à vida, mas nos liberasse a viver nossa própria caminhada, sem ativar em nós o sentimento de culpa que nos impede de deixá-los para trás.

Há relações entre pais e filhos que são apenas novas experiências de antigos relacionamentos manifestadas nesta vida, as quais trazem as mesmas restrições e também as prisões emocionais.

Aquela mulher – ou mesmo aquele homem – que se deixa manter presa nesse tipo de ligação não se abre em consciência para se unir àquele complemento energético que trabalhará o equilíbrio entre *yin* e *yang* em si. Está presa às restrições e repetindo padrões que são trazidos de outra vida ainda nesta. Repete e pode passar toda uma vida assim a sofrer.

A questão é que aquele que não se abre para receber o chamado da sua consciência e se nega a seguir em frente na sua caminhada ascensional passa a viver uma vida de repetição de experiências e escassez. Permanece por anos em busca de um emprego que não dá certo, passa anos sem entender por que vive sempre mais e mais envolvido em restrições em todos os âmbitos na sua vida, mas não percebe que está a bloquear a abertura das novas oportunidades, porque se mantém preso à emoção desequilibrada e à culpa, que o ligam a relações muitas vezes doentias entre familiares.

Aquele que silencia sua mente e desperta sua consciência para receber o chamado da sua alma está a ouvir a fórmula para a sua felicidade, mas cabe a cada um escolher o caminho a seguir.

As mulheres que permanecem presas em relacionamentos preconceituosos ou de desequilíbrio emocional, que as impedem de seguir rumo à ascensão, necessitam apenas silenciar seu coração e encontrar a chave para a conexão com o Eu

Sou. Essa conexão mostrará que elas não são a personagem que acreditavam ser, ou a pessoa esperada por aqueles com quem se relacionam. Essa conexão mostrará quem a mulher é em seus níveis energéticos de *yin* e *yang*, e direcionará o caminho para estabelecer as relações necessárias para trazer o equilíbrio e a libertação do espírito para a ascensão.

19. Como uma Mulher Pode Viver de Forma Plena e Ser Feliz?

A felicidade é relativa quando trazemos em pauta o poder que nossas mentes têm em nossas vidas. A mente é a grande causadora da nossa infelicidade.

Por trás de toda a realidade que se apresenta diante de nós, mesmo quando estamos vivendo um estado de completude e paz, a mente nos leva a viagens intermináveis em direção ao sofrimento.

Deixamos de apreciar o momento presente para planejar o futuro, mas não de forma leve e desprendida, e sim colocando ali a expectativa de sermos realmente felizes, além do que somos hoje.

Como uma mulher então pode ser feliz? Apenas apreciando o momento presente. Observando as experiências que se apresentam e saboreando-as como um doce delicioso, apetitoso, como é a maravilha da vida.

Vemos as lembranças trazidas pela mente nos dar golpes duros, mostrando as dores e a forma antiga de levar a vida que tínhamos no passado. Deixamos, muitas vezes, essas crenças e emoções nos frear na caminhada rumo a nossa felicidade.

A felicidade passa a ser então compreendida pelos momentos em que estamos apreciando o presente, quando a mente não consegue nos tirar do aqui e do agora, nos dando liberdade de apenas viver.

Mas para atingir o estado de plenitude, devemos trabalhar intensamente para tornar esses momentos duradouros. Lembrando que a nossa mente pode vir sempre a nos pregar peças e nos puxar o tapete, quando estamos vivendo instantes agradáveis em nossas vidas, para nos testar, para termos a oportunidade de exercitar nossa capacidade de controlar as emoções e dominar os padrões que vínhamos repetindo, transcendendo-os.

A plenitude virá a partir do momento em que deixarmos todas as emoções para trás e não permitirmos que elas nos controlem. Lembremos que a mente é alimentada apenas pelas emoções. Enquanto não controlarmos as nossas emoções, a mente continuará a vir nos pregar peças.

Podemos ver, de certa forma, a mente como uma vilã, já que ela nos tira do aqui e do agora e da felicidade, mas isso não é verdade. Projetar a nossa infelicidade em um culpado é apenas fechar os olhos às próprias imperfeições e à necessidade de superação das restrições.

A mente é aquela que nos fortalecerá, nos trazendo as provocações da vida, aquelas que nós mesmas criamos e que trazemos de tempos em tempos para experimentar novamente, com o intuito de nos curar, de nos fortalecer. A mente traz a lembrança ao nosso presente, nos tirando de nosso centro de equilíbrio, acabando por se utilizar de nossas emoções para se estabelecer no aqui e no agora e interferir em nossa felicidade.

Mas aquela mulher que tem as emoções controladas, que não permite que os outros a controlem, não deve temer a mente. Dessa forma, o exercício será leve e trará a cura definitiva de antigas dores, daquilo que a impedia de ser feliz.

Pense por um instante em um antigo relacionamento ou em uma experiência que foi muito dolorosa em sua vida. Lembre-se de que pensar nesse sentido é trazer a mente para o comando. Então, traga tal pensamento e apenas o observe. Você é capaz de só observá-lo sem despertar quaisquer emoções?

Muitas vezes, estamos inseridos em experiências no momento presente que nos fortalecem em determinado ponto em que éramos frágeis. E esses instantes acabam por trazer a oportunidade de curar essas lembranças dolorosas, pela mente.

Se estamos hoje vivendo nossa vida em equilíbrio e em um bom emprego, bem estabelecidos, em harmonia e segurança, então pode ocorrer de a mente trazer uma lembrança de uma época em que estivemos sem trabalho, com as contas atrasadas e necessitando pedir auxílio para sobreviver. Então pergunto: Qual o melhor momento para a mente trazer uma lembrança como essa? É justamente o aqui e o agora, em que você está mais forte e estabelecido nessa questão. Dessa forma poderá exercitar o controle emocional, dominar de uma vez por todas as emoções que despertam sofrimento e a impedem de ser feliz.

Se você dá espaço para a mente trazer uma lembrança de dor em um momento em que está forte, perceberá que não causará nenhum desconforto. Podem surgir pontas de emoção, mas que serão curadas com gratidão, gratidão por uma época que se foi e não mais se repetirá, porém que contribuiu para que você se tornasse forte e autossuficiente como é hoje.

Aquela mulher que sofreu em um antigo relacionamento com um parceiro, ou mesmo com os filhos, guarda em seu coração as dores da caminhada, que se manifestam apenas enquanto houver as emoções. A mente sempre trará as recordações ao momento presente, o qual deverá ser observado com sabedoria e força para dominar as emoções que fazem com que você tenha apenas instantes de felicidade, mas não consiga apreciar o estado de plenitude.

Podem ocorrer repetidas experiências em que a mente traga recordações de sofrimento, e que não saibamos lidar com as emoções decorrentes dessas experiências, mas cada vez que a mente traz tais lembranças e falhamos em dominar as nossas emoções, vamos nos fortalecendo. Até que chegará o dia em que teremos força e maturidade para olhar para tais fatos, que poderão até se apresentar de forma repetida em nossa vidas, e perceberemos que não mais reagimos como antes. Estamos fortes e livres.

Esses momentos de vitória serão rapidamente notados, e o coração será preenchido de uma paz tão intensa que experimentaremos algo que nunca poderíamos chamar de felicidade e, finalmente, aprendemos o significado do estado de plenitude.

Portanto, como mulheres, sabemos que temos uma estrada de aprendizado nessa escola das emoções. Somos vistas como o "sexo frágil" justamente porque temos as nossas emoções mais exacerbadas, nossa sensibilidade mais aflorada. A vida, então, torna-se um grande aprendizado não só de como continuar a ser a flor em sensibilidade, mas também a fortaleza da rocha.

Essa conquista fará com que nos aproximemos do estado de plenitude e paz que sempre almejamos. Deixamos de nos identificar com os pontos de fragilidade e de alimentá-los com o nosso desequilíbrio emocional. Paramos de derramar lágrimas de tristeza, ou mesmo aquelas lágrimas de felicidade que deixamos cair quando superamos algo que foi de muita dor. Teremos apenas momentos de profunda respiração, em que olhamos para o que éramos e esboçamos um sorriso calmo no rosto por ter finalmente a certeza de que vencemos!

20. Como Ser Completamente o Sagrado Feminino?

O sagrado feminino nada mais é do que viver toda a natureza dessa manifestação, que compreende a sensibilidade da flor com a força da rocha.

Não nos deixamos manifestar dureza sem leveza, nem nos deixamos manifestar sensibilidade com força. Entendemos sensibilidade como um ponto de fraqueza, e nesse momento ele se transforma na nossa fortaleza, no nosso poder mágico de tornar a vida mais bela e especial. Aprendemos a usar esses recursos que são natos do sagrado feminino para promover alquimia.

Entendemos, assim, que somos capazes de controlar tudo, e temos a certeza de que estamos sempre inseridas em uma história que apenas nos levará a trazer mais sabedoria em nossa caminhada.

Tal sabedoria é observada como momentos de despertar de consciência, em que até nos instantes de queda energética temos a força para nos levantar, para sermos autossuficientes e, então, passamos a alimentar dentro de nós a confiança de que temos a melhor companhia e proteção de que necessitamos, que é a nossa mesma.

São nos momentos de luta, de doença, de fragilidade, que veremos despontar a essência do sagrado feminino em nós, em que nos vemos como indestrutíveis, fortes e belas. Aprendemos a apreciar os nossos dons, e vamos entendendo que podemos, sim, confiar em nossa intuição, pois ela será a única que nos guiará no caminho correto, do cuidado conosco.

A manifestação do sagrado feminino se dará primeiramente em nós, quando diante de experiências de dor ou de sofrimento, nas quais deixávamos as nossas emoções nos controlarem, já não achamos motivo para sofrer. Existe uma deusa dentro de nós e que não nos deixa ser o que éramos antes. Ela nos fortalece e nos alimenta o tempo todo com toda a energia do sagrado feminino.

Para ser completamente essa energia, e viver o sagrado feminino, necessitamos passar por etapas realmente transformadoras em nossa vida, em que nos veremos diante da dor e do amor, do ódio e da paz, do perdão e da vingança, da traição e da confiança, da mentira e da verdade. E assim aprenderemos o caminho correto da pureza da flor sem a necessidade de levar a nossa vida pela estrada do sofrimento.

É necessário sofrer para atingir o estado de união e equilíbrio do sagrado feminino? Sim! Definitivamente é necessário passar pelo sofrimento, mas apenas porque estamos inseridas na matéria a trazer diariamente em nossas experiências toda a carga negativa que fomos agregando pelas eras em que estivemos aqui. Para nos deixar de identificar com certos padrões de sofrimento e comportamentos autodestrutivos, a dor é trazida de forma a curar, de libertar.

Nesse ponto, deixamos de ver a dor como algo ruim, ou mesmo o sofrimento, pois eles são criados por nós. Escolhemos carregar feridas do passado até o momento presente, e fomos fechando o campo em nossa volta, para nos impedir de nos conectarmos com as experiências do sagrado feminino. Então, a cada quebra de padrão, a cada cura, a dor é a que promoverá essa mudança.

A dor vem apenas quando estamos de tal modo agarradas a esse padrão de sofrimento e vida destrutiva, que não nos identificamos mais com a nossa essência. Perdemos a beleza, a leveza e nos tornamos frágeis. Manifestamos a beleza em meio a dor, e de certa forma nos ferimos, pois criamos a expectativa do retorno. Assim também amamos de maneira desenfreada e nos expomos, mas sem amarmos a nós mesmas. E todas essas exposições do sagrado feminino, do amor, do colo de mãe, ao externo, quando não recompensadas ou reconhecidas pelos outros, geram a manifestação da força da rocha também de forma desequilibrada e destrutiva.

A força do sagrado feminino é compreendida pelo equilíbrio dos dois lados, da flor e da rocha. E quando não estiver em estado de perfeito equilíbrio, os dois se tornam as armas que nos farão sofrer, que causarão as feridas e as dores, que nos destruirão.

Dessa forma podemos nos destruir ou nos curar. E expondo a força desequilibrada, estamos nos ferindo e também os outros, criamos experiências dolorosas, as quais nos colocarão em situações de verdadeiro sofrimento em razão da dureza como vemos a vida. Mas, por outro lado, se deixamos a flor ser exposta de forma desequilibrada, também permanecemos suscetíveis à dor, como se nos tirassem a pele e deixassem a nossa carne exposta, permanecemos frágeis e desprotegidas, e qualquer experiência que venha a trazer algum aprendizado causará consequências profundas e traumas em nossas vidas.

Necessitamos compreender que passamos por muitas vidas dessa forma, em total desequilíbrio desses dois polos, o que causou profundas marcas em nossos registros de alma, que trazemos em recordações manifestadas por meio das nossas emoções descontroladas.

E essa é a resposta para todos os nossos problemas. Não estamos aqui a iniciar do zero uma nova jornada sem trazer em nossos registros o que somos ou o que fomos em outras personagens. Estamos apenas a começando uma nova experiência, mas que traz as marcas de tudo o que já vivemos e, a partir do nosso inconsciente, vamos projetando em nosso meio material todas as dores que vivemos, os traumas, comportamentos e sofrimentos.

Isso nos impede de seguir a vida em paz e plenitude, que nada mais é do que a falta de equilíbrio e união com o sagrado feminino.

O sagrado feminino compreende o perfeito equilíbrio entre energias *yin* e *yang* dentro da energia da Deusa e, portanto, necessita desse nivelamento entre a flor e a rocha. Entende-se como sagrado feminino, porque desperta a magia, a beleza, a energia da Mãe Universal, mesmo com a união dos dois polos.

Para manifestar o sagrado feminino é necessário renunciar às recordações de dor, buscar o equilíbrio entre a força e a sutileza e compreender o que é uma conquista. Conquista esta alcançada na medida da liberação de antigos padrões e restrições, de antigos comportamentos e traumas, que foram todos descritos neste material. A cada percepção de manifestação de comportamentos que caminham contra o estado de equilíbrio entre *yin* e *yang*, que manifestam descontrole emocional diante da vida, temos um sinal de alerta: "Há uma cura iniciando; vamos nos atentar a ela e ver o aprendizado que nos trará!".

A auto-observação e a percepção das suas próprias emoções são exercícios, você começa a entender mais sobre si mesma e aprender a controlar a mente. É algo que demanda tempo e dedicação, comprometimento com a própria felicidade, mas que trará a manifestação do sagrado feminino ao final. Então, é uma caminhada recompensadora, pois a energia do sagrado feminino foi buscada por nós em diversas vidas, e teremos o privilégio de vivenciá-la no aqui e no agora.

21. Precisamos Abdicar de Coisas que Homens Fazem para Sermos Mulheres?

É preciso abdicar da tentativa de ser igual ao homem. Da luta e da busca por se mostrar presente e tomar o seu lugar na competição que foi criada entre os sexos feminino e masculino, pois a mulher atua de forma diferente, trazendo a energia da mãe, do cuidado, do amor incondicional em tudo o que faz.

Há que se ter humildade e responsabilidade em se deixar ser direcionada àquelas atividades e experiências que permitirão à mulher mostrar sua essência no dia a dia.

O que ocorre, hoje, é que muitas mulheres buscam se igualar aos homens dentro dos relacionamentos conjugais, familiares, amigáveis e profissionais. E isso faz com que permaneçam sempre envolvidas em busca de poder, de mostrar que são iguais ou que podem e conseguem ser iguais ao homem.

Moças jovens competem mostrando aos rapazes que têm mais poder de sedução, que conseguem atrair mais rapazes do que eles têm capacidade de atrair mais moças. Elas também frequentam locais onde há predominância da energia masculina e se expõem, de certa forma, a desrespeitar o sagrado feminino em si mesmas, utilizando-se de tóxicos, bebidas alcólicas, fumo, mas não com o intuito de serem livres ou porque trazem esse impulso de sua natureza, e sim essa ação é movida de uma luta interior para mostrar que podem agir desse modo, assim como os homens podem.

Nos relacionamentos, tantas mulheres são as que traem, porque se sentem traídas ou menosprezadas pelos homens, e assim o fazem como ato de vingança, para mostrar que podem, que são capazes também de causar dor ou de serem independentes.

No ambiente de trabalho a mulher passa a atuar de forma fria e dura, deixando de lado o instinto feminino que trará as palavras de sabedoria nos momentos mais importantes de sua vivência. Procura se igualar ao homem tentando se encaixar em um sistema predominantemente masculino e que necessita do equilíbrio do feminino para tornar o ambiente saudável e agradável para todos trabalharem.

Todas as atitudes anteriormente relacionadas mostram a mulher agindo de forma desequilibrada, na busca pela igualdade e pelo seu espaço na vida, na busca por ser respeitada e amada, na tentativa de ser amada e querida, mas, na verdade, ela apenas contribui para seu próprio desequilíbrio e do núcleo onde convive.

O ambiente familiar onde há competição da mãe com o pai, a fim de se mostrar mais poderosa e dominante, de transmitir dureza na tentativa de buscar respeito, ou ter atitudes autoritárias no intuito de ser ouvida e amada, faz com que o homem se afaste, que o casal acabe por se distanciar e viver em um ambiente de competição onde deveria ser seu lar, o local onde regeneram suas energias. Os filhos dessa família não terão a oportunidade de receber o amor de mãe, de observar o sagrado feminino atuar em sua rotina, admirando e respeitando tal presença em sua família, e isso poderá contribuir para desequilíbrios emocionais nas crianças também, que podem repercutir na vida adulta em atitudes de busca por esse acalento equilibrado da energia sagrada feminina, que não receberam quando crianças.

Os pais permanecem envolvidos em suas dores, em suas próprias buscas, a lutar por um espaço no núcleo familiar e também em sua vida, e assim os filhos se perdem nessa jornada, se apegam a pontos de trauma dos próprios pais, passando a se identificar com as dores de um dos lados.

A mulher que não se sente amada pelo marido, ou não se sente bela, não trabalha o amor-próprio, e o desenvolvimento do sagrado feminino em si acaba agindo de forma a forçar essa aceitação, impondo de algum modo tal reconhecimento nas pessoas de seu convívio, e isso pode levá-la a realizar cirurgias plásticas, investimentos na beleza, mas não movida pelo sentimento equilibrado de estar em harmonia naquela que já conquistou sua paz, mas, sim, na busca de ser vista como bela pelo marido, vista como bela ainda mais do que as outras, na busca de se sentir bonita diante do espelho e das revistas de moda. Na busca por pertencer, a mulher vai até as últimas instâncias e faz o que for necessário para se firmar, conquistar seu lugar.

Contudo, essas atitudes afirmam sua fraqueza, seu desequilíbrio, e perceberá que ainda assim não estará feliz consigo mesma. Tudo isso trará como consequência um comportamento duro após todas essas tentativas infelizes de se mostrar mais presente do que o sexo oposto, e passará a manifestar uma personalidade dura, impositiva, sem o amor incondicional de mãe.

Essa figura feminina se torna uma verdadeira manifestação do desequilíbrio emocional, que se fechou de certa forma em seus sentimentos e, infelizmente, atrairá para si duros golpes da vida para retomar o sentimento da mulher. Manifestará um comportamento autoritário no núcleo familiar e nos ambientes onde convive, e será vista como o exemplo do desequilíbrio, afastando as pessoas de si.

Os filhos, ao observar tal personalidade, não encontram o amor de mãe que estavam acostumados, e então se sentem sós, buscam, de certa forma, encontrar em outras relações esse pertencimento, esse acolhimento. Isso pode ser o estopim que levará alguns adolescentes ao uso de drogas ou a praticar atos em que possam manifestar uma fuga do mundo, uma fuga da vida, da qual não se sentem mais parte de algo e querem fugir dessa experiência. Eles se fecham e se isolam, e podem manifestar quadros de depressão.

A base do núcleo familiar é firmada em fortes alicerces do masculino e do feminino. E isso refletirá no comportamento de toda a família, principalmente dos filhos, que estão se formando com base na observação e na convivência familiar. Os traumas que trazem dessa época refletem em comportamentos destrutivos ou de sofrimento por toda uma vida adulta.

A mulher não só pode, como deve, manifestar o sagrado feminino e deixar de lado a busca por ser igual ao homem, porque isso é a base da sua própria felicidade e promoverá o equilíbrio em todos os ambientes de convívio. Necessita separar o que é ser alguém do que é competir com o sexo oposto para conquistar seu lugar.

A mulher necessita abdicar de uma vida de luta, de conquista, para então apenas passar a apreciar o que já há em si mesma, a sua própria essência, e permitir a manifestação em sua vida de seus dons mais divinos: do amor, da sutileza, da certeza, da paz, da harmonia, da sensualidade, da magia e da beleza, mas também da firmeza em equilíbrio daquela mulher sábia que traz sempre a palavra certa para eliminar a guerra.

A mulher tem o poder de eliminar a guerra, tem a sabedoria ancestral para trazer as palavras certas para acalentar os corações tomados de ódio e desequilíbrio. Ela tem o poder de trazer o amor da Fonte Mãe Divina, que tocará os corações mais duros. Ela tem o poder da magia e da alquimia por intermédio de seus atos e suas palavras, e quando ocorre a retomada desse poder, a busca por se igualar ao homem terá se dissolvido, pois ela se sentirá completa e integrada com a Fonte.

22. A Sensação de Pertencimento e o Vazio Material. Existimos Apenas para Agradar ao Homens e à Família?

Sabemos que há experiências que nos trazem a retomada do momento presente, em que nos vemos muitas vezes em meio a uma vida de futilezas, que dão a falsa sensação de pertencimento, mas que trazem o vazio material.

A vida é repleta de oportunidades para trabalharmos os mais profundos desejos, aqueles objetivos inalcançáveis, como vemos na constituição familiar.

A mulher, inserida em sua vida e posicionada em personagens que não condizem com sua essência de alma, acaba por trazer de forma refletida à sua realidade muitas de suas inseguranças e de seus anseios.

Ela passa a vida inteira buscando a completude dentro de si mesma, busca pertencer a algo, mas é assolada pelo vazio quando espera que essa completude venha do material.

A busca por constituir uma família, por ter filhos, por ter um lar completo, um marido, nada mais é do que uma tentativa de trazer para a materialidade o que ela entende ser o que irá sentir pertencendo a algo. Inserida em um núcleo, criando assim um núcleo familiar, ela entende que está realmente completa.

Mas o que não está claro a esse coração frágil e a essa mente que projeta sonhos na matéria é que a sensação de pertencimento atrelada ao mundo material é ilusória. Ela nunca se sentirá pertencendo a algo que vem de sua essência enquanto projetar isso na sua vida material.

O estado de pertencimento é trazido apenas quando carrega dentro de si esperança, fé, poder e vontade divina, que a fará entrar em estado equilibrado de pertencer. Pertencer a algo muito além do que a materialidade poderia mostrar, a algo divino.

Esse pertencimento nada mais é do que aquilo que a mulher, por vezes, entende ser a sensação de estar dentro de uma família, de casar e ter filhos, de ter um marido e sua casa, a rotina familiar. Ela se sente parte desse meio e, enquanto não o cria na vida material, continua uma busca dentro de si mesma por criar essa realidade, acreditando que é a única forma de se sentir pertencendo a algo.

A sensação de pertencimento é obtida de duas formas, sendo uma delas apenas aplicada à matéria e, portanto, provisória, a outra é encaixada nos propósitos divinos dessa alma.

Quando falamos da primeira forma de ter a sensação de pertencimento, compreendemos como o ato de constituir família, desse modo a mulher se sente completa, preenchida, segura. Então temos a segunda forma, que é a busca dos dons divinos, em que a mulher é a que trará esse estado de pertencimento a todos, ela será o pilar que fará com que exista um elo entre o divino e a terra, criando, dessa forma, a oportunidade para que todos sejam direcionados à sensação de pertencimento a algo maior: Deus.

A única maneira de pertencer que o ser humano entende, enquanto pensa com a mente material, é a da união entre núcleos, entre pessoas, entre uma família, o que não é negativo quando permitido fluir naturalmente na vida, mas é prejudicial quando buscado de forma descontrolada, quando se pensa que é a única maneira de se pertencer a algo.

Essa é a causa de sofrimento de muitas mulheres que temem permanecer sozinhas, que vislumbram uma casa com marido e filhos, movimentada com diversas energias que fazem parte de uma rotina familiar. Veem apenas nessa experiência a oportunidade de pertencer a algo, e o coração permanece vazio e buscando ser preenchido por esse sonho, que supostamente completará esse espaço, o qual muitas vezes permanece reservado e obscurecido pelos sonhos alimentados durante toda uma vida, desde a infância.

A sensação de pertencimento pode estar presente enquanto criança, quando ainda está inserida no núcleo familiar, quando se recebe amor dos pais, ou mesmo de um dos pais, mas, de certa forma, compreende-se que esse amor a completa, se sente parte daquele núcleo, daquele pequeno grupo. A criança se agarra a essa sensação, pois há dentro de si a busca pelo pertencimento a algo que ainda não compreende, que é apenas completado com a conexão divina, mas que, em sua inocência e início de aprendizado, é sentido por meio da relação familiar.

Quando isso não ocorre, quando essa família não trabalha para trazer o filho para essa sensação, para o pertencer, a busca por completar esse vazio começa logo na infância, a qual supostamente trará felicidade, e a criança passa a alimentar sonhos e projetar possibilidades em sua vida, o que muitas vezes pode gerar a consequência de adolescentes que se agarram a relacionamentos e logo desistem, que não levam as relações com respeito e seriedade, que não sabem lidar com a dor, se fechando em escudos de proteção que os levam a não se abrir em amor nos relacionamentos.

Essas mulheres podem se abrir em amor por um breve momento, mas, ainda assim, não se entregam completamente, levando adiante relacionamentos superficiais paralelos e até ilusórios para que estejam seguras de que estarão sempre a pertencer a algo. Caso um dos núcleos não as aceite, terá outro para trazer a sensação de pertencimento, ainda que de forma provisória e ilusória, como garantia de não entrar em solidão.

A vida é repleta de experiências que nos fazem trabalhar as relações e, então, fortalecer o laço que nos une com o divino, cada vez que compreendemos que não teremos tal completude enquanto projetarmos em algo material essa expectativa. Nós nos sentiremos completas quando de fato aprendermos que, dentro da vida material, não há possibilidade de nos sentirmos pertencentes ao nível da alma, e que a busca sempre existirá. Até que nos abramos aos dons divinos e passemos a irradiar segurança e equilíbrio ao externo, o que nos atrairá àqueles a quem necessitamos pertencer, como um ímã.

Quando nos desvinculamos da ilusão do pertencer da matéria, passamos a nos tornar os canais da sensação de pertencimento real e invertemos os polos: onde antes estávamos a atrair experiências ilusórias, que supostamente nos trariam o pertencimento, mas que na verdade nos repeliam dessa experiência, pois a projetávamos apenas na matéria, passamos a atrair como ímãs para perto de nós todos aqueles que querem pertencer a algo, pois criamos um canal de ligação com o divino, que é a real sensação de pertencimento, dessa forma irradiamos esse magnetismo ao externo.

Mesmo que de modo inconsciente, as pessoas passam a se aproximar de nós buscando tal sensação. Elas sentem e são atraídas magneticamente a nós porque ali terão o contato com o divino, e se sentirão pertencentes a algo. O caminho que será mostrado por esse alguém que se torna o ímã atrator não é de projetar na matéria as possibilidades de completude, mas, sim, de projetar todos para a conexão com sua mais suprema manifestação de alma, o que trará, de fato, a sensação de completude.

Serão mostradores do caminho aqueles que trarão nas palavras e nas atitudes o mapa para ser seguido e onde será encontrado o verdadeiro tesouro, o tesouro do estado de pertencimento real, que fará com que cada ser cesse a irradiação de energia em sua volta que apenas desgasta sua própria vida, sustentando relações que supostamente trariam tal completude. As pessoas passam a projetar as suas energias na única direção que trará a real sensação de pertencimento.

Então esses seres também se tornarão ímãs atratores magnéticos, pois, ao projetar sua energia para cima, para a conexão com Deus, com o divino, de onde virá a sensação de pertencimento real, passarão a criar um elo de conexão. Esse elo fará com que reiniciem a projeção de energia horizontalizada, mas agora apenas a magnetizar a sua volta com o que é o pertencimento real, o pertencimento a algo supremo e divino, e se tornarão os centros de energia de onde vivem.

A sensação de pertencimento se dará quando cessarmos a cobrança nas relações da matéria e passarmos a criar em nós mesmas a possibilidade de nossa regeneração e do mundo a nossa volta, nos conectando a algo supremo, o que fará com que possamos viver de forma plena e feliz.

O que faz com que pensemos que existimos apenas para agradar aos homens é justamente o fato de projetarmos em nossos familiares e relacionamentos a expectativa de termos a experiência do real pertencimento a algo, o que nos desvia da nossa natureza e propósito divino, nos impede de manifestar a nossa essência e o propósito de sermos os polos de conexão ao divino, os quais mostrarão o que é a real sensação de pertencimento desapegada da matéria.

23. Como nos Sentirmos Completas e Preenchidas de Felicidade?

O que nós compreendemos como felicidade? Como manifestar o amor divino todo o tempo?

Estamos, de fato, vivendo a realidade em nossa vida? Vivemos para compreender que somos o que somos, que devemos estar onde devíamos estar, e que deveríamos viver no meio em que estamos com as pessoas com as quais convivemos.

A compreensão da experiência presente traz a aceitação de que estamos de fato vivendo da forma que deveria ser, nem mais nem menos, apenas o suficiente e perfeitamente calculado para nós.

Estamos vivendo na cidade ou no campo, ou mesmo junto ao mar, mas buscamos estar no local onde não estamos. Se estamos junto ao mar, buscamos estar na cidade, se estamos na cidade, buscamos estar junto ao mar, se estamos vivendo com pessoas que foram escolhidas de forma perfeita para a nossa experiência, buscamos viver com outros que nos passam a imagem ilusória de felicidade, mas, na verdade, é apenas uma ilusão daquele que não vive em equilíbrio no seu momento presente.

Estar vivendo no aqui e no agora traz tudo de que necessitamos para sermos plenamente felizes; estamos inseridas em meio a um ciclo de repetições, de experiências que se apresentam como padrões, que vamos levando adiante por muito tempo, sem ao menos identificá-los.

Permanecemos carregando comportamentos, crenças, ideias, sonhos, ilusões de que algo é real ou de que algo poderia ser real, de que algo deveria ou não pertencer ao nosso momento presente, mas o fato é que nada deveria nos tirar do estado de paz e plenitude do aqui e do agora.

Apenas a experiência apresentada de forma dura e dolorosa trará a consciência para o aqui e o agora, quebrando os padrões que não a permitiam viver nesse momento, os quais a faziam se perder em divagações da mente, que não a permitiam apreciar a vida, olhar para o agora com o sentimento de gratidão e amor pela vida.

A soltura dos padrões, quando se apresentam de forma dolorosa, completa uma etapa muito importante na nossa caminhada, que é aquela em que decidimos parar de negar o nosso estado natural de felicidade e alegria. Passamos muito tempo sonhando, almejando, reclamando... Não permitimos que o futuro se dê de forma natural, que ele se abra e se apresente em cada etapa concluída de forma leve e suave. Almejamos trazer ao presente as realizações criadas pela mente de maneira dura e impositiva diante da nossa própria vida.

Buscamos a fuga das nossas superações forçando uma nova experiência por vários meios, nos endividamos, fugimos, nos comprometemos, nos inserimos em experiências como fuga do aprendizado, mas não compreendemos que esse aprendizado nada mais seria do que deixar de lutar, deixar de buscar por essa fuga, deixar de sofrer e simplesmente viver!

A vida seria bem mais fácil se vivida apenas como é, como se apresenta, apreciando cada centelha de beleza em cada momento, fechando os olhos para a escuridão e vendo somente a luz, abrindo o olhar, deixando serem expostas as raízes das imperfeições com a bênção da aceitação e do perdão de si mesma, para que então essas raízes sejam iluminadas e purificadas pela luz que captamos com os nossos olhos, que somente apreciam o que é belo e perfeito. Porque assim a vida é, bela e perfeita da forma que se mostra, e o que nos impede de apreciar essa beleza são as pontas de escuridão que guardamos dentro de nós mesmas, que nos fazem repetir e repetir várias experiências na tentativa de exposição do nosso lado sombrio.

24. Por que Negar o Nosso Lado Sombrio? Por que o Julgamos?

O lado sombrio é julgado pelo medo: medo de sofrer, medo de expor algo que não é aceito por nós, pois o vemos como feio, sujo, indigno de amor e caridade.

Nós nos julgamos assim como julgamos tudo em nossa volta que se apresenta de forma imperfeita, todos os defeitos de outros Eus Personalidades, assim como toda a sujeira e pobreza, tudo que se apresenta fora de nossos padrões de perfeição não é aceito por nós.

Mas necessitamos, muitas vezes, nos deparar e olhar de frente as imperfeições e a feiura daquilo que julgamos para deixar sair a podridão que estava guardada dentro de nós mesmas, pois ao expor as feridas estamos nos curando, estamos nos purificando.

A purificação virá apenas com a exposição e a aceitação do que temos guardado, que faz parte da construção do nosso

Eu Personalidade, e que se manifesta sempre nos momentos menos desejados, a nos surpreender com rompantes de comportamentos que parecem ser obsessivos, daqueles que gostam de sofrer, os masoquistas. Repetimos comportamentos, porque guardamos em nosso íntimo aquela escuridão que negamos em nós e que, por isso, cultivamos; deixamos guardada por muito tempo negando sua existência, impedindo que se manifeste e, assim, a alimentando, cuidando, guardando.

Nós deveríamos guardar apenas a luz e a felicidade, somente as lembranças de alegria e plenitude. E das nossas sombras, quando as expomos, passaríamos a guardar apenas a sabedoria, que nos fez transcendê-las a partir da aceitação.

Quando vemos o horror no externo, quando julgamos, somos capazes de julgar também em nós. O que precisamos entender é que não há separação quando se trata de julgamento, de preconceito. Tudo, absolutamente tudo, o que nos incomoda e que julgamos negamos também dentro de nós mesmas. Guardamos em nossas cavernas interiores as nossas sombras, que podemos expor, aceitando-as para curá-las, ou mesmo podemos mantê-las escondidas alimentando o preconceito sobre elas, o que reflete em nosso comportamento preconceituoso em relação ao que vemos através dos nossos olhos no meio externo.

Apenas por meio da aceitação da imperfeição do todo é que abriremos as portas para olhar a imperfeição dentro de nós mesmas. Quando abandonamos o estado de julgamento, da busca pela perfeição, permitimos que aquele animal sombrio escondido dentro de nós crie coragem de respirar do lado de fora e se manifeste, então poderemos domá-lo, ensiná-lo, amá-lo, acolhê-lo, como parte de nós mesmas, e não mais o renegando e negando sua existência.

Como um animal acuado, temos as nossas sombras, e enquanto acuado está arisco, arredio, agressivo, medroso. O trabalho agora é de mostrar a ele que não há nada a temer. Ajudá-lo a encontrar as suas raízes, descobrir por que ele está ali, mostrar-lhe a sua fonte de nascimento e, então, o entregar em amor a sua origem, libertando-o e não mais o guardando e escondendo.

Quando aceitamos as nossas sombras, começamos a curá-las, pois a realidade é que essas manifestações são apenas nossas próprias criações, que contribuem para construir nossa personalidade. E esta, como sabemos, é criada a partir de experiências de encarnações, da atual e das anteriores, e das quais precisamos nos desidentificar, para, então, encontrarmos o estado do vazio, da não personalidade, do Eu Sou.

25. Como Ser uma Energia da Deusa Durga?

A energia da Deusa não dá espaço à inferiorização que, muitas vezes, a mulher se coloca em busca de manter-se conectada a algumas relações que considera serem necessárias a sua felicidade.

Essa inferiorização vem de lembranças do registro akáshico, em que muitas mulheres permaneceram ocupando uma posição que não corresponde à magnitude da energia feminina. O estado de desequilíbrio, então, torna-se presente quando a mulher está nessa busca entre a inferiorização ou a ira, quando se subjuga ou se coloca em posição de poder.

A energia da Deusa Durga está no equilíbrio da força da mulher, mas que pode ser explorada por ambos os sexos, quando objetiva trazer a paz e a força com serenidade e amor.

Por muitas vezes, a fera, o lado poderoso, virá tomar conta daquele estado de inferioridade, que então deixará de o ser e passará a transmitir força, mas não a ira. A ira é justamente a tentativa de trazer o equilíbrio, trazer a posição do meio, que não é nem a inferiorização nem a força manifestada por meio da violência. Ela é a força em equilíbrio e amor, trazendo serenidade e segurança.

A mulher pode buscar no aspecto masculino a sensação de proteção e completude, por não encontrar em si esse lado da força. Coloca-se em posição de inferioridade, em situações de humilhação e envolve-se emocionalmente a ponto de dramatizar a vida, com o intuito, mesmo que inconsciente, de chamar a atenção para ela mesma daquele que seria seu par, o que manifesta o aspecto masculino.

A energia da Deusa, quando não utilizada, quando não acessada, traz o desequilíbrio na mulher, que passa a ser conhecida como aquela que finge, que dissimula, que cria intrigas e dramatizações, para que o aspecto masculino que convive com ela possa olhá-la e lhe dar atenção, vendo nessa mulher a fragilidade, despertando nele também o aspecto masculino de forma desequilibrada, o que vem a trazer proteção de modo a possuir algo, e não a amar e simplesmente deixar viver.

A mulher, quando manifesta a inferioridade, desperta no homem a proteção, a força, pois o equilíbrio no ambiente deve ser sempre buscado da união das duas energias. E, então, dessa forma, se apresentam todas as relações. Ora um filho manifesta o aspecto masculino e uma mãe o feminino, ora o inverso, pois independentemente do sexo do corpo físico, ambos têm as duas energias em si e podem manifestá-la.

Ocorre que a mulher em desequilíbrio traz para a experiência da maternidade a manifestação da inferioridade como aspecto feminino, isso fará com que o filho manifeste a ira, o aspecto masculino em desequilíbrio, que culminará em uma vida de buscas erradas por essa criança, que em seus relacionamentos e experiências refletirá essa desarmonia.

Esse homem aprendeu a olhar a mulher como algo inferior, como algo frágil. E se sente impotente diante de alguém que manifesta o lado masculino e feminino em equilíbrio, ou mesmo que manifesta apenas o lado masculino, porque ele foi ensinado a viver dentro de uma realidade que não é condizente com o estado natural do ser humano, quando em perfeita harmonia.

A união das duas energias, esse ser que vive toda uma vida em estado de manifestação do masculino e vendo o feminino como fragilidade ou como algo indefeso, liga-se a outra energia, que será o seu par em relacionamento, que mostrará o lado oposto dessa manifestação. Ele atrairá a si relacionamentos que manifestam o feminino de forma equilibrada e forte, mas ainda mais inclinado para o masculino, que então o ensinará que o feminino não é como aprendeu por toda a vida.

Passará a ver, aos poucos, que a forma com que compreende a divisão dos papéis masculino e feminino na vida não é como imaginava, mas sim que é algo que se completa, que a manifestação das duas energias pode ser equilibrada, e que não há necessidade de acionar a ira, a raiva, a força em desequilíbrio para proteger a mulher que ama, pois ela é forte, ela pode ser o equilíbrio. Isso mostra que a fragilidade pode estar tanto no homem como na mulher, mas sempre será apenas a manifestação do desequilíbrio da energia sagrada de cada um.

A fragilidade, a fraqueza, o estado de incapacidade diante da vida não são relacionados ao feminino, nem tampouco ao masculino, mas, sim, podem se manifestar no homem e na mulher quando em estado de desequilíbrio diante das experiências da vida. A fragilidade pode ser vista como manifestação da própria ira, que deixa o corpo indefeso, que abaixa a guarda diante das energias mais densas, de doenças e vírus. Também essa fragilidade e impotência diante da vida podem se manifestar por meio da depressão, que igualmente é um estado de desequilíbrio, o qual pode ser identificado tanto no homem como na mulher.

Enfim, ao término dessa jornada de aprendizado do sagrado feminino, percebemos que as energias sagradas do homem e da mulher se completam. Que elas se unem a formar o estado de equilíbrio que beneficiará cada um, que trará à mulher e ao homem a energia da Deusa Durga, mas que também trará aos dois a manifestação do sagrado masculino; ao fim, ambos se tornam energias únicas quando manifestadas em aspecto superior.

As energias masculina e feminina, quando em equilíbrio e unidas à Deusa e ao Sagrado Masculino, se tornam uma só, que então será a consciência expandida em níveis superiores, manifestados no Eu Superior.

O Eu Superior, que é o estado de conexão com a Alma Suprema, nada mais é do que a união desses dois polos, masculino e feminino, em estado de equilíbrio.

Quando a mulher deixa de se colocar em posição de mulher, de se identificar com o que aprendeu que é a mulher manifestada na matéria, com suas particularidades que são nada mais do que criações da mente, como fragilidade, desequilíbrio emocional, amor incondicional, etc, passa a compreender que essas características não são manifestações da mulher ou do aspecto feminino, mas, apenas criações mentais, que foram surgindo com o tempo, as quais fazem a mente identificar e selecionar o que é homem e o que é mulher.

A verdade é que quando essas identificações mentais são aspectos belos e supremos, como o amor incondicional, são a conexão da energia sagrada da Deusa com a Alma Suprema, e isso não se restringe apenas ao sexo feminino, ou mesmo ao sagrado feminino, mas é algo que não tem divisão sexual, é algo uno, supremo e divino. Como poderíamos classificar o sentimento de amor incondicional à mulher e a força ao homem? Impossível.

O movimento da vida, a força que puxa, que move adiante, gerando atividade, ação, é a manifestação mais suprema da Alma, porém, na classificação, seria direcionada ao Sagrado Masculino, mas que, novamente digo, nada mais é do que uma manifestação suprema do divino, que não tem divisão sexual.

Percebam então que, para atingir o estado da Deusa, a mulher deve abandonar o drama, a inferiorização, a fragilidade, a emoção desequilibrada, e o homem deve abandonar a ira, o pensamento de que é o protetor, o provedor, aquele que defenderá e suprirá a família e a mulher frágil. Todos esses adjetivos são criações mentais da matéria para que haja a divisão entre homem e mulher, e que se posicionem em seus postos na sociedade em que vivemos. Mas enquanto permanecermos divididos, manifestando o reflexo dessas criações mentais, estaremos separados da energia suprema da Deusa Durga, do Sagrado Masculino e Feminino.

A Deusa Durga é a união das duas energias, é a manifestação do feminino com a força, por isso é vista como a imagem da força, a personificação dessa energia como uma mulher, para que as mulheres compreendam que não são o sexo frágil, nem tampouco o homem é o sexo forte. Mas, sim, que ambos, unidos, acessando o aspecto *yin* e *yang*, alcançarão o estado de plenitude e ascensão.

Para estar sempre no estado da Deusa, necessitamos nos despir dessas crenças que nos limitam à materialidade e nos impedem de alcançar voos em que a nossa alma virá ao nosso encontro e nos mostrará o estado de plenitude, a ascensão enquanto encarnados, que é possível, sim. Mas isso será trazido apenas da quebra dos padrões que nos levam a pensar que existe divisão sexual e, também, que há tais adjetivos criados para que essa divisão permaneça sustentada.

Afinal, veremos nas próximas gerações manifestações da mudança, em que aos poucos cairá a divisão por sexos e haverá apenas o Eu Sou, manifestado em equilíbrio em cada um. Então, despidos dessas máscaras que carregamos há tempos, poderemos viver o que realmente somos, manifestações da nossa Alma aqui na Terra.